네가 오렌지를 먹는 동안 나는 시집을 읽었다

임수민 시집

네가 오렌지를 먹는 동안 나는 시집을 읽었다

달아실시선
94

달아실

보조 용언과 합성 명사의 띄어쓰기 등 본문의 맞춤법은 시인의 의도에 따른 것임.

시인의 말

날마다 가위눌림
꿈은 허무하지
나는 울 수 있으니까
소리 낼 수 있고
눈물을 흘릴 수 있고
화가 나면 소리칠 수도 있지
그러니까 우리 잠시 양보하기로 하자
울어도 소리쳐도 아무도 알아주지 않는
어떤 귀신에게
가위에 눌려주자 잠시 친구가 되어주자
어두운 방을 웅크리고 있을 너에게
이 시집을 펼쳐주자
대신 울어줄 수 없더래도
소리 내어 시를 읽어주자
네가 듣고 있을지 모르니까

2025년 여름
임수민

차례

네가 오렌지를 먹는 동안 나는 시집을 읽었다

시인의 말   5

1부. 온몸으로 말하는 중이에요

겨울 방   12
온몸으로 말해요   13
구멍   16
봄을 파는 소년   19
거리 두기   20
염주   22
검은 봉지 손님   24
아무도 모르는 것   27
가장 보통의 식사   30
화장실 청소를 마치고   32
처음 보는 것   34
불타는 집에서 꾼 행복한 이야기   36
혼자 유영하기   39

2부. 나는 내가 사라지는 곳에 있습니다

칼날 위에선 우리는 44
이름 없는 구경꾼 46
답장, 없, 마, 음음 48
새벽 울음 51
그믐 52
어느 오후 54
퇴주 55
검지손가락의 밤 58
오작동하는 숨 60
무서운 이야기는 어느 원룸에서 시작된다 61
스무고개를 넘어서 64
나는 내가 사라지는 곳에 있습니다 67
상영관 입구 68
가을 숲 71

3부. 그다음 이야기는 우리 상상에 맡기자

홈쇼핑을 보는 거실 76
야간자율학습 78
오렌지를 먹는 동안 81
옥탑 82
오늘을 거부하는 84
여름 낮 86
걷다 88
너를 안아주는 밤 90
구겨진 종이를 창밖으로 던졌다 93
거울이 말합니다 나는 여기에 있어 96
하나의 금붕어가 되었을 때 99
극장에서 102
상문 104
효과 효능 107

4부. 커다란 칼이 당신의 등을 가로지르고

사과대추나무가 자랄 동안   112

버려도 되는 시는 없어   115

영과 일   118

오늘은 이불 속을 나올 수 없어요   120

논알콜 뱅쇼를 마시는 시간   122

기념일— 나무가 건넨 메뉴판   124

당신   127

깨지지 않는 것   130

아주 슬픈 날이야   133

이를테면 시 같은 거   136

끝나지 않은 편지   140

훼손하기 쉬운 섬   143

5부. 영영 돌아올 수 없는 긴긴 술래의 섬이래도

사랑의 방식   148

22년식 미니   151

25년식 미니   154

미니가 온다   158

미니가 운다   161

미니가 간다   164

극장에서   166

너의 잠에 빠져   167

결항   168

해설 _ 이상한 나라에서 '신'은 죽음에 대해 생각하고 • 임지훈   170

1부

온몸으로 말하는 중이에요

겨울 방

팥과 소금을 두고 기다린다 방은 닫혀 있고 해는 짧고 빛을 뒤집으면 쏟아지는 어둠 문틈으로 흘러내리는 희미한 기척 아아, 상상에 가득 차 부적을 그린다 벽을 타고 스미는 울음을 막는 일, 심장은 울음을 먹고 희뿌연 입김 속 같아 시야를 흐리게 만들고 바닥에 흩뿌려진 쌀알, 잿빛 하늘 아래 남은 빛을 새기는 밤 소복 아래 숨겨진 얼음장, 푸른 살결 열리지 않는 방 너는 될 수 없는 신을 찾고 오래도록 굳어 있었다 문지방이 없는 방, 건너갈 수 없고 너는 들어오지 못한 채 얼어붙은 눈동자로 주검을 향해 걷는다 맨발을 감싸쥐고 마지막 온기를 불어넣는다 소리 없이 스러지는 입김, 초인종을 누른다 오래전 내가 누르던 소리, 그때도 나는 여기에 있었다

온몸으로 말해요

침대 모퉁이에 웅크리고 생각했어요
내가 영가가 되었다는 사실을 처음 알았을 때
나는 매우 평온한 상태였다는 것을요

마침 커튼이 활짝 열리고
어느 발이 빠르게 뒤섞이고
햇볕이 간헐적으로 빛을 내고

저 멀리서 기차의 경적이 들릴 거 같은 날이었어요
회색 그림자는 언제나 내려앉고
그림자에 숨지 않아도 되었을 때

아, 내가 죽었구나
눈을 감는 순간 아무도 나를 찾지 않았고
딱 뉠 만큼의 공간에서
그렇게 며칠이 지났던가

그렇다고 슬픈 건 아니었어요
죽는 순간은 언제나 찾아오잖아요

조금 빨랐구나, 그랬구나
허허, 웃음이 터졌지 뭐예요

이 집은 내가 살던 집이 아니고
침대는 너무 커서 모퉁이는 보이지 않고
나는 왜, 웅크리고 있는 거죠
답은 아무도 알려주지 않아

나의 유일한 친구가 되어주세요
그런 말은 일종의 가위눌림
네가 괴로우면 자유로워지고
여전히 답은 찾지 못하고

이 새벽은 너를 사랑할 수 있어서
한없이 안아주다가
고통을 마주보는 일

여전히 방을 떠나는 법을 알지 못해요
배우지 않아도 자꾸만 무서워지고

괴로워지는 법을 체득할 때

공포영화 속 어떤 귀신처럼
서서히 슬픔을 익혀가요

여기선 나는 그러고 싶지 않았다고
온몸으로 말하는 중이에요

구멍

엄마
어제는 집에 구멍이 나는 꿈을 꿨어

식탁에 앉아
마른 말을 주워 먹다가
배탈이 났다
말은 구멍이 되어 돌아오고
허공에 젓가락질을 하지

오늘은 엄마가 나오는 꿈을 꿨어
강 건너에서 손짓하는 손을 보았지
배에 구멍이 가득차서
앞으로 나아갈 수 없어

이불을 덮어도 바람은 불고
머리끝까지 덮으면
내 주위 빙 둘러앉아 원을 그리지

거실에는 푹 꺼진 소파

볼륨은 올라가는데 텔레비전은
검은 말을 토해내고
잎은 녹색에서 녹색으로 타들어가고
방문을 닫았다

식탁에는 치우지 못한
말들이 남아 있고
접시 위에선
어느 말이 탈출하고

엄마는 구멍이 뚫린 채
손을 흔들며
이불을 자꾸만 끌었다

나는 몸에 구멍이 나지 않은 날
태어났다
방문이 열리면
접시를 허공에 흔들었다

마른 말을 차려놓고
고봉밥을 푼다

바람이 불었다

봄을 파는 소년

 나무가 앙상한 겨울을 말하는 봄입니다 길가에 심어놓은 하얀 꽃은 피지 않습니다 아스팔트를 뚫고 자라는 새싹의 희망 담談은 잊혀졌습니다 오래전 일일지도 모릅니다 나 몰래 피었다가 져버렸던 걸지도 모릅니다 내가 가뿐히 자라나는 희망을 밟고, 아래도 더 깊은 어둠으로 밀어 넣었을 때, 모두 들떠 있었습니다 사월이면 벚꽃이 만개하는 카페는 만석이고, 꽃망울은 여전히 터뜨릴 생각이 없습니다 나무 심기는 계속됩니다 관광지는 북적입니다 착석합니다 은은한 커피 향 속, 빈 공기를 던졌죠 깨지지 않은 채 이 풍경을 위해 고립 급행을 탄 게 아닙니다 떨어진 바퀴를 등에 이고, 봄을 쫓아 달렸을 뿐 시장 앞, 봄을 파는 소년이 있습니다 인공적인 향이 봄을 말해줍니다 지폐 몇 장을 쥐어주고, 봄을 사 들고 옵니다 이제 소년에게 남은 봄은 없습니다 입꼬리가 올라가고, 웃다가 목이 막힙니다 꽃샘추위가 목을 조여오듯이, 이제 손바닥만큼 봄이 왔습니다

거리 두기

우리 엄마는 살아남은 게 기적이랬어 탯줄을 잘랐다

눈을 감기도 전에 방문은 닫혀 있다 거리를 두세요 스피커에선 어떤 목소리가 흘러나오고, 방문이 잠긴 줄도 모른 채 문고리를 얼마나 돌렸으면 문고리가 빠지지

문고리를 찾아서 다시 끼워 넣으면 이곳에서 탈출할 수 있을 텐데 손에 쥔 문고리는 이제 역할을 잃었다 책장을 무너뜨리고 서랍의 자물쇠를

열어야 한다고, 책을 한 권씩 펼쳐 볼 수 없고, 나는 공주처럼 자랐다고, 책장 너머에는 키스하는 두 여인

또 다른 방문이 있겠지만, 사실 벽이었다지 나는 벽과 벽이 가로막힌 채 거리를 두는 중이고, 자물쇠가 걸려 있지 않은 서랍은 열어도 서랍이고, 연인의 속눈썹이 떨어진 서랍을 닫는다

남의 이혼 서류로 비행기는 접지 마

서랍을 닫으면 벽지였다지. 모르는 사람의 비밀은 창문이 없으므로 알 수 없고

나갈 수 없어요. 나는 여전히 거리를 두는 중이고, 당신을 알고 싶지 않아요 손에 있던 문고리가 사라졌다 서랍에서 꺼낸 문고리를 끼워 넣으면 되는데, 벽은 자물쇠가 없어서 나갈 수 없다

당신이 숨겼어요

문과 문고리와 건너편의 이름 모르는 사람과 어떤 공기와 스피커에선 거리를 두라는 안내 음성만 방 안을 채웠다

염주

염주를 차고 잠에 든 날이면
창문 청소를 했습니다

방충망은 밖에서만
떼어낼 수 있습니다

누가 방충망을 떼어준 걸까

신문지를 뭉쳐 창문을 닦아도
손자국이 자꾸만 찍히고
밖으로 나갈 수 있습니다

밖으로 나가면 손자국은 보이지 않고
어느 빌라가 무너져 토사물이 쏠려
내려갈 것만 같은 기분으로

액운을 막아준다는 염주를 차고
잠이 들었습니다
신문 뭉치가 눈처럼 쏟아지고

오물 묻은 손이
발을 잘라 가는 밤

잠에서 깨면
염주는 끊어져 있습니다

알알이 구르는 아침
창문은 여전히 창문의 모양을 하곤
굳게 잠겨 있습니다

검은 봉지 손님

이 밤중에 찾아와 검은 봉지를 두고 가는 이가 있다 초인종을 누르지도 않고 도어락 비밀번호를 누른 기억도 없다 덜컥 문을 열고 들어와 신발장에 검은 봉지를 두고 사라졌다

첫날은 꽁꽁 묶인 검은 봉지가 풀리지 않아 가위로 잘라냈다 실타래처럼 풀리더니 완전히 녹아 없어져버렸다 아아, 가위는 안 되겠구나

이 밤중에 찾아와 검은 봉지를 두고 가는 이가 있다 이제는 도어락을 누른다 비밀번호를 말해준 적이 없는데 알고 있는 이가 찾아와 신발장에 놓아두고 간다 다음 날 신발 한 짝이 사라진 걸 눈치채지 못했다

둘째 날은 가위를 쓰지 않고 손으로 풀어보려고 했다 어떤 매듭법으로 묶었는지 알면 쉽게 풀릴 텐데 주술이라도 걸렸는지 검은 봉지는 풀릴 생각이 없고 저 안에 든 묵직한 것은 물컹물컹 잡힌다

이 밤중에 찾아와 검은 봉지를 두고 가는 이가 있다 이제는 제 집처럼 들어와서 거실 테이블 가운데 검은 봉지를 두고 간다 베란다 문이 활짝 열려 있다 거기로 갔구나 닫는 것도 잊은 채 갔구나

 셋째 날은 풀리지 않는 검은 봉지가 두 개나 쌓였다는 것을 안다 풀면 안 되기에 풀리지 않는 걸지도 몰라 쉽게 풀려버리면 쉽게 쏟아지니까 존재를 알아버리면 멀어질 수도 있고 사랑에 빠져버릴 수도 있겠지

 이 밤중에 찾아와 검은 봉지를 두고 가는 이가 있다 꾸벅꾸벅 졸고 있는 내가 있다 오늘은 잡아야지 어디로 들어왔나 잠긴 문을 활짝 열고 어서 오라 한다 묶은 사람은 풀 수 있겠지 생각하며 기다린다

 넷째 날은 발자국이 찍혀 있다 흔적을 남기는 일은 여전히 어렵고 검은 봉지를 들고 자국을 따라간다 분명 여기서 끊겼는데 더는 앞으로 나아갈 수 없다

그날 수많은 검은 봉지가 내리는 꿈을 꿨다 내 얼굴 위로 쌓이는 검은 봉지 냄새는 나지 않고 숨을 쉬어야 해 그 순간 눈이 떠졌다

이 새벽에 찾아와 검은 봉지를 풀고 갔다 들여다보면 무엇인지 알 수 있다 나는 저 어둠 속으로 고개를 내민다 그 순간 나를 집어삼키는 검은 봉지가 있다 꽁꽁 묶인 봉지를 들고 어느 집으로 향하는 걸음

아무도 모르는 것

나는 연극을 보고 있다 사랑하는 사람이 나오지 않는 극이었다 누굴 미워하거나 시기하지 않았다 다만 사람을 사랑할 수 없는 주인공이 나오는 극을 끝까지 봐야 했기에

내 옆에 앉은 사람을 사랑하게 될까 봐 손을 잡고 있었다 오늘은 고백을 받아야지 무슨 고백인지도 모른 채 기쁘거나 슬프거나 외롭지 않았다 나는 그의 얼굴을 종종 잊었다

암전

불이 꺼지고 무대는 분주히 움직인다 불이 켜지면 그는 여전히 내 옆에 있겠지만 그가 아닐 것만 같고 무대 위에선 주인공이 영혼을 불어넣고 있다

벌떡 일어나 그 영혼을 돌려달라 소리칠 것이다 아무래도 옆 사람의 영혼을 훔쳐 간 거 같아 아아, 나는 혼잣말을 하고 무대로 오라는 손짓에 그렇게 연극배우가 된다

나는 아직 영혼을 빼앗기지 않았는데 대본을 외우지 않아도 몸이 자유자재로 움직였다 영혼을 빼앗길까 봐 움직임을 멈추기 위해 노력했다 몸은 멈추지 않고 옆옆 사람이 대사를 친다

대사를 뱉어내자 나는 다음 대사를 외운 사람처럼 입을 열고 중얼거린다 아아, 당신의 몸에는 그대의 영혼이 들어가 있나요

모든 관객이 자리에서 일어난다 여기 누가 앉아 있었나요 의자가 접힌다 나는 무대에서 내려오기 위해 마지막 대사를 외친다 내가 원래 연극배우였던가 옆 사람은 잊은 채 그 사람을 사랑했던가

허공을 떠도는 영혼 숨을 들이마시는 일

나는 연극을 보고 있다 내 옆에는 내 손을 잡으려는 사람이 있다 막이 내리고 암전 다시 불이 켜지고 배우는 마

지막 인사를 한다 서로에게 입맞춤하며 서로의 숨을 뱉어내는 일

  그제야 알 것 같다
  (연극이 어땠는지 묻는 사람은 아무도 없었다 혼자 소극장을 빠져나왔을 땐 해가 뜨고 있었다)

가장 보통의 식사

 여기 앉으세요, 남은 국에 조미료를 넣고 국을 다시 끓였지 식탁 한쪽을 치웠다 개가 없는데, 개 짖는 소리가 들렸다

 국이 다시 끓여질 동안 닫힌 창문을 더 꽉 닫았지 다시 차려진 식탁에 앉아 숟가락을 들었다 너는 보이지 않지만 흔들리고 있어

 국으로 새긴 발자국이 거실로 이어져 있다
 우리는 조미료가 듬뿍 들어간 국에 빠진 것 같아

 유통기한이 남은 우유를 싱크대에 버리는 기분
 거품이 묻은 그릇을 담가둔 채 음식물 쓰레기 봉투에 숨고 싶은 마음
 보이지 않아도 보인다고 믿고 싶은 마음

 베란다 문을 열어 대야에 담가둔 옷을 헹궜다 빨아도 구정물이 나오지 않는다면 더이상 탈탈 털리지 않아도 될 텐데

화장실에 들어가 몸을 비웠다 거울에 표정 스티커를 붙인다면 내 얼굴이 될 수 있을까 손이 따뜻해져서 찬물에 손을 씻었다

발소리가 들렸다 귀를 도려내자, 손이 통과했다 빨아도 국 냄새가 빠지지 않아

그 순간 가장 보통의 식사가 시작되었다

화장실 청소를 마치고

 실내화 주머니를 찾고 있다 분명 여기 걸어둔 거 같은데 실내화 주머니는 찾을 수 없다 둘러보아도 집에 안 가고 뭐 하니 선생님의 말씀에 우물쭈물하는 건 너였을까 너희였을까 선생님은 바라보고 있다 하얗고 하얀 실내화를 신은 너의

 네가 화장실 청소를 막 시작했을 때 너희는 실내화 주머니를 숨겼고 재미있는 놀이라 생각했다 검사만 맡으면 되는데 청소를 마쳤대 너는 실내화 주머니를 잃어버렸고

 너희는 같은 생각을 했을 것이다 우리가 찾는 거 도와줄게 너는 얼굴을 바닥으로 떨궜고 선생님은 칭찬해주셨지 우리는 실내화 주머니를 숨긴 장소를 알고 있어 선생님이 이쪽을 보면

 우리는 실내화 주머니를 찾아주는 척을 더 좋은 생각이 났어 실내화 주머니를 찾아주며 내일은 잃어버리지 마 선생님은 압정으로 붙여주셨지

여러 갈래로 손상된 벽 머리 위로 압정이 쏟아진대도 그건 눈이 아니야 그건 비도 아니야 화장실 청소를 했을 뿐이고 사람들은 안타까워밖에 할 줄 모르고 고개를 돌리면 옆 사람의 얼굴이 다른 사람으로 바뀌고

새들이 날아와 갑자기 추락하지 않는 것처럼 운동장을 돌다가 심장마비가 오지 않는 것처럼 구름은 여전히 구름이고 학교는 여전히 학교의 모습을 하고 있다

화장실 청소를 마치면 언제 그랬냐는 듯 고요하고 느긋하고 불안하고 이곳에서 일어난 일을 모두가 알고 있는데 주어가 빠진 내일이 반복되고 있다

처음 보는 것

 오랜만에 영화를 보러 갔다 우리는 광장에서 만나기로 했는데 너는 처음 본 사람이었고 내가 아는 사람의 얼굴이 떠오르지 않았다 처음 본 사람에게 너, 그렇게 반말해도 되는 걸까 생각하다가 광장을 걸었다 우리는 예정대로 영화를 볼 것이다 영화 제목은 기억나지 않고 예매한 앱으로 들어가면 제목이 쓰여 있겠지만 앱은 오류를 범하고 있다 서버 연결이 불가능합니다 때때로 불가능을 처음 본 사람처럼 나는 종이 티켓을 가지고 있지 않으므로 어떤 영화였는지 떠올릴 수 없다 네가 종이 티켓을 건넸을 때 제목이 지워져 있을 것만 같고 그것은 어느 오래된 티켓 영화관 앞에 다다랐을 때 희미하게 3관이었던 것 같고 네 손에 이끌려 눈을 감았다 떴을 때 스크린에서는 이미 엔딩 크레딧 관을 천천히 걸어 나와 이미 사라진 너를 찾다가 방금 상영이 끝난 영화 있잖아요, 아무런 대답이 없을 때 꿉꿉한 곰팡내 떨어진 팸플릿 깜박이는 전등 아래 나는 걸음을 다시 옮긴다 여기 있잖아요 열린 문틈으로 비추는 스크린 불빛 미동 없이 앞만 보는 사람들 건들면 툭 쓰러질 거 같아 몇 번의 주마등이 스치고 비어 있는 자리 하나 여기 앉으라는 듯 손짓한다 자리에 앉자 빛이 흘러

나오는 영화를 봤다 두 눈이 빨려 들어갈 것만 같은 영화였다 사람도 식물도 동물도 나오지 않는 순수한 하나의 빛만이 시선을 가로챘다 나는 무엇 때문에 이곳에 왔는지 기억이 나지 않고 더는 일어나지 못할 것을 예감한 몸 한꺼번에 쏟아져 내리는 해골들 나는 나의 송장을 마주하는 시간 여기는 무너지는 것이 너무 많아서 처음 보는 위로를 건네는 깜깜나라

불타는 집에서 꾼 행복한 이야기

 화창한 날씨였어요 아들딸 잘 낳고 입꼬리가 올라갔으니까 행복했을 거라 생각해요 마당에서 공놀이를 하다가 공이 차도로 굴러갔는데 마침 차가 없어서 공을 주울 수 있었어요

 기뻤어요 오랜만에 돌아가신 할아버지의 얼굴을 볼 수 있었어요 내가 아들딸 잘 낳고 사는 모습을 가장 보고 싶어 했을 테니까요

 할아버지는 가방에 무언가를 담기 바빴어요 내 부름에도 고개를 돌리지 않았고 그때 하늘에서 종이가 흩날리기 시작한 거예요 종이를 잡고 다 찢었더니 불이 붙어버렸어요

 후후 불면 활활 타올랐어요 불은 꺼지지 않고 집을 삼켜버릴 때 머리카락에 붙은 불씨 따위가 나를 막을 수 없었어요 여기선 나는 아이들의 엄마였고 구해야 한다는 생각이 들었거든요

 첫 줄은 이렇게 시작해요

불이 난 집에 아이들이 갇혀 있다
이 불씨는 닿아도 뜨겁지 않고
울지 않는 아이를 안고 밖으로, 더 밖으로 가야 하는데
할아버지는 무언가를 담고 있어요
아이는 양말을 신지 않으면 신발을 신지 않겠다고
고집을 부리는 고집
불씨는 아이의 머리카락에
할아버지는 자꾸만 소금을 챙기래요
그렇게 끝나는 꿈은 곧 시가 되고 시작이 되겠지요

불씨를 뚫고 들어갔을 땐 빈집에서 울음이 들렸어요 배가 아파본 적이 있지만 배가 아파본 적이 없었어요 이 울음은 어린 내가 우는 소리 울고 또 울어서 집이 모두 잠겼는데도 아이의 모습은 보지이 않았어요

머리맡엔 소금이 놓아져 있어요 불에 타는 꿈은 조상님이 나오는 꿈은 복 꿈이라는데 내 위에는 귀신을 쫓는다는 소금이 놓여 있네요

원래 그렇잖아요 꿈은 알 수 없는 거고 정해진 답도 다수가 틀렸다고 우기면 다시 검토할걸요 다음에는 불타는 집에서 행복한 이야기 말고 먼저 우는 이야기를 들려드릴게요

혼자 유영하기

나는 오늘 역 광장으로 나왔다
날씨가 따뜻해서 무작정 걷기로 했다
걷다 보니 영화관이 나왔지
영화 볼래요 내가 물었을 때
당신은 조용히 고개를 끄덕였고
나는 여전히 혼자

수많은 사람들이 서로의 손을 잡고 온기를 느낀다
온기 없는 사랑이라고 들어봤으려나
그런 거 없어도 내가 있잖아

이런 말을 툭, 계란 까듯이 쏟는다

어떤 사람은 앞으로 가기 바쁘고
어떤 사람은 고개를 돌린다
발걸음을 멈추게 하는 것은 무엇인가

영화관으로 홀린 듯이 들어가고
내가 따라 들어갔을 때

엘리베이터는 꼭대기 층
거기가 아니라고 말하지 못하고

6층을 누른다
영화관은 텅 비어 있다
캐러멜 팝콘 냄새가 자욱하다
낡은 소파를 뗀 자국

어디로 숨은 거니
불러도 대답 대신
상영 중인 관으로 폴짝

영화를 본다
엘리베이터는 꼭대기
오래된 유령도시처럼

계단으로
새벽안개처럼 피어오르는
자욱한 연기

화장실을 열어도 울지 않기

어땠어
뭐가
영화는
그냥 그랬어

밖은 어둡고
불빛을 유영하는
옅은 내가
내 끝에 서 있다 남은 건
혼자만 모르는 이야기뿐

2부

나는 내가 사라지는 곳에 있습니다

칼날 위에 선 우리는

칼날 위에서 태어났습니다
어느 집을 내려다봅니다

그 집은 바람만 불어도 쓰러질 수 있고
이층 벽돌집일 수도 있습니다

선택은 당신의 몫으로 떠넘길 수 있는데
가끔은 떠넘기는 게 좋아서 넘기곤 했습니다

밤마다 칼 가는 소리가 들리고
텔레비전 볼륨 소리가 높아집니다

우리는 어느 병동 앞에 서 있습니다
 하얀 가운을 입은 사람이 나의 운명을 정해줄지도 모릅니다

너는 어느 역 화장실 네 번째 칸
벌벌 떨고 있다
물을 내리며

이곳은 조용한 사람이 없어
손을 씻으며
시끄러운 사람이 되기로 했는데

그 순간 스크린 도어가 열린다

유독 사람이 많은
이곳에서 문이 열렸기 때문에
내렸습니다
내렸습니다

칼날은 무뎌지고

발이 아픈 아이들은
잠시 쉬기로 했습니다

이름 없는 구경꾼

뱃가죽을 닫으면 이곳은 전시장
나를 해석하는 밤이 시작됩니다

팸플릿을 펼쳐 들고 오늘의 순서를 살펴보는 저녁
환자의 이름이 걸려 있지만
해명할 필요는 없습니다

무대 위에는 침대가 놓여 있습니다
나는 그곳에 누워 초대된 관객을 바라봅니다
이것은 하나의 행위예술일지도 모릅니다

실밥이 풀리며 안전줄을 만들고
탯줄이 유리관에 전시되어 있습니다
발자국은 또 어떻고요
발가벗겨져도 상관없습니다

모두 나에게서 나왔다면
믿을 수 있겠습니까

모두 나의 나체를 유심히 들여다봅니다

머리카락이 마르기도 전에
눈을 깜빡거리는 법을 찾기도 전에
예약창은 오류를 범했습니다

이름 없는 전시장
나는 구경꾼을 번역하는 구경꾼

답장, 없, 마, 음음

강물에 뛰어들고 싶어
여긴 강이 없는걸

답장을 쓰지 못했습니다 봉투 안에는 편지가 없습니다 그것 또한 안부를 전하는 방식이겠죠 알겠다고 생각하면 편해지는 마음이 있을 겁니다

오늘은 집 앞마당에 돌탑을 쌓았습니다 기도는 필요 없었습니다 이따금 낙엽이 내려앉았다가 사방으로 부서집니다 고양이가 툭 건드리면

앞발을 잘라도 되나요
그럼, 발이라도 담그자
저런, 잘린 발은 가져오지 마

발을 먹고 자랐습니다 쥐로 변하진 않습니다 푹푹 보이지 않는 눈이 내립니다 발자국이 찍히지 않고 녹은 자리엔 물이 고이지 않았습니다

둥둥 떠다니는
그건 익사체가 아닙니다
앞마당은 물이 없고

그럼, 뛰어들 수 없잖아

흙을 파내면
물이 솟구치는
물고기가 우글거렸대요

대체로 그런 상상
돌탑은 앞마당에 있고
어제는 무너졌습니다

  안부를 다시 전합니다 나는 여전히 잘 지내고 있습니다 당신이 계신 곳에 돌을 던졌습니다 풍당, 첨벙거리는 소리가 들렸습니다 여기까지 종이비행기가 날아듭니다 펼쳐보면 무어라 쓰여 있을 것만 같은 기분이 듭니다 당신은 여전히 안부를 전해주시는군요 알겠습니다

여긴 마음이 없는걸
여전히 강물에 뛰어들고 싶니

새벽 울음

새벽에 깨면
엉엉, 울어도
보이지 않고
들리지 않고
당신은 그 자리에
거기에 곁에 있다고
울고 또 우는데
흔적을 남기기 위해서는
너를 괴롭게 해야
나는 그러고 나서
엉엉, 울었어
이제 네가 울 차례

그믐

향냄새로 가득한 거실 소파에 앉아 귤을 까먹는다
소리 없이 재생되는 텔레비전

엄마는 십이월이면 색동 한복을 입고
외할머니 흉내를 냈다

모르는 사람들이 초인종을 누르지 않고
닫힌 문을 열고 줄줄이 걸어온다
저마다 사연을 보따리에 담아 풀어내면
겨울을 담은 외투를 벗는다

겨우내 간직했던 여름을 풀면
나는 방문을 닫고 머리끝까지 이불을 덮었다

비나이다
비나이다
천지신명님께

방 너머에는

호통치는 목소리 울음소리가 들리고
방 안에서
나는 몰래 곰인형을 껴안았다

끝까지 정직한 책장과 가지런한 안부
창문은 열리지 않고 어둠은 찾아오고
어느 집의 불이 켜진다

향이 꺼져도 냄새가 사라지지 않아
거실은 그렇게 그렇게
문을 잠갔다

생쌀 같은 일월이 시작되었다

어느 오후

시하기 좋은 날이라
우리는 만났다
커피잔을 들고
누가 먼저 이야기를 꺼내면
김이 났다
시를 빠뜨려놓고
당신의 시는 장례식 같아서
문상을 가야 할 것만 같다
너털웃음을 짓는 당신에게
상상력을 주입한다
이렇게라도 잊어야지
잊을 수 없다면
거대한 상상에 빠뜨리자고
거기선 목숨줄이 하나여도
숨은 쉬어질 테니

퇴주

문 앞에 부적을 붙여놓고 당신이 들어오지 못하게 방어막을 칩니다

당신이 당신이었을 때
당신은 나를 기억하지 못했습니다

부적을 쓰는 일
당신을 막아서는 일

이젠 돌아올 수 없는 곳으로 발을 들이려고 합니다

발을 들여놓는다는 것

해진 구두를 오랜만에 꺼냈습니다
구두의 주인은 돌아오지 않겠지만
구두는 안으로 들어오려고 합니다

어느 발이
어느 구두가

먼접니까

서로 다투는 동안
입술의 각질을 뜯다가
모르는 손가락이 생겼습니다

당신은 이제 당신이 아니지요, 기억을 지우는 밤이 올 때마다 이가 시립니다

이가 시릴 때마다
당신이 왔군요
당신이 들어오려고 하는군요

알면서도 모른 척하는 일
얼굴은 얼굴로 잊어버리고
귀신이다
신이다
방어막을 치는 일

부적을 태워야 하는데 불을 붙일 수가 없어서
바람의 방향을 오랫동안 찾다가
날이 어두워졌으므로

계속 미루다가

형광등이 깜빡거린다
주머니에 부적을 찔러 넣고
솥에 쌀을 안쳤다

검지손가락의 밤

잠들기 전엔 검지손가락을 식탁 위에 올려두세요
손가락을 빨면서 자면 안 된다고
죽은 당신이 두 발을 구르며 걱정하는 밤

그런데, 당신은 왜 검지손가락을 빨고 있습니까

스탠드 사이로 비친 당신은 팔이 없지만
아기 울음소리를 내며
울음이 빛과 어둠 사이로 잘려 나갑니다

빛을 차분히 모으는 아침
남은 손가락을 두고 보이지 않는 당신과 다투는 일
커튼이 바람을 토해냅니다

소파 위에 무릎을 굽히고 앉아
텔레비전에선 재방송만 나오고
보지 않는 프로그램을 틀어놓고 본 척했습니다

커튼은 알고 있을까요

숨결이 느껴질 때마다 손가락에 통증이 느껴집니다
마음에 들지 않으면 언제든 바꿔 끼울 수 있습니다

오작동하는 숨

 잠이 들면 경로를 이탈한다 방울 소리를 따라 설꽃이 핀 숲으로 이동 중이다 걸을 때마다 발자국은 찍히지 않고 때때로 어느 주검을 발견하기도 한다 심장이 도려진 주검, 손이 닿으면 녹아버릴 거 같고 그 위로 녹지 않는 우박이 내려 가도 가도 숲은 보이지 않고 방울 소리가 자꾸만 들리는 거 같은데 나의 귀는 오작동을 반복한다 목적지는 멀어진다 나에게서 걸음으로 숲이 사라진 곳 설원이 된다 눈밭엔 도려진 심장으로 쓴 부적이 그려져 있다 숨을 불어 넣어도 숨이 쉬어지지 않아 화면은 깜빡거림을 반복한다 이곳을 넘지 마시오 쏟아지는 이글루 사실은 무덤이었다지 더는 방울 소리가 들리지 않아 나의 숨을 내뱉을 때 나는 목적지를 잃는다

무서운 이야기는 어느 원룸 화장실에서 시작된다

벽에 붙은 부적 위로
칠해지는 페인트가 문제는
아니었을 거로 생각한다

화장실 문에 피에로 인형을
네 귀퉁이를 보호하지 않아서 그래
사방에 팥과 소금을 두라고

배불리 먹으라고
잔치를 크게 열어줄 걸 그랬다

꿈은 꿈으로 잊어야지
핑계는 핑계로 두고

그런데요, 밤마다 우리 집 원룸이
자꾸만 나와서 꿈에 나와서
이불을 덮고 잠이 들었을 뿐인데

화장실 문은 열리고

불이 환히 켜졌어요
어떤 목소리가 나를 이끌면
이동하는 심장 유체 이탈

바닥에 떨어진 얼굴
미래를 예견한 주검
탄산 같은 대화

변기 위로 기어올라
웃는 얼굴에는 어떤 잔향도 남지 않고
그대로 풍덩

변기 안에는
머리카락이 가득하다
누구 것인지 모르는 얼굴을
뒤집은 채

우리 집 원룸이 자꾸만 꿈에 나와
이불을 덮었는데요

무서운 이야기는
늘 그렇게 시작되었다

스무고개를 넘어서

등 뒤로 후드득 떨어지는 저 머리카락 좀 봐
내 머리카락은 그대로 자라는데
바닥은 잘린 머리카락으로 가득하잖아
이런 이상함이야말로 네가 원하던 거
카메라의 셔터, 터지는 빛
사진으로 인화될 때만 보이잖아
밤의 거울에만 비치는
등 뒤에서 내 목을 서서히 조여오는
희고 가느다란 저 손목 좀 봐
뼈가 그대로 드러나는
창밖은 앙상한 나뭇가지만 보이고
간신히 달린 감 하나
물어 가기 전에 툭 떨어지면
바닥은 주황빛으로 물들고
어느 주검일까 생각하다가
여전히 내 목을 조여오는 가느다란 손톱
그래, 이런 조임이라면 마음껏 조여줘
고층에서 창을 바라보는 일은 무겁고
때때로 추락은 너무 쉽고

그전에 물어 가줘
부탁이야, 가로등이 꺼지기 전에
나는 이제 등 뒤에 존재를 안다
머리카락이 전부 빠져버린
생선 뼈 같아 살점을 모두 파먹은
내 살점은 살이 찌지 않아
통과되어 흐르는 것들
치울 게 많지만 공허만 쌓이고
길어지는 손가락
앙 물어버린다
첫 아픔을 알아가는 일
흐르는 눈물은 보이지 않아
느껴야 하는데
등 뒤에 흐르는 건 눈물이 아니고
모든 걸 쏟아내었을 때
너는 태어났구나
스무고개를 넘어
살아가는 건 내가 할 일인데
너는 자꾸만 등 뒤에서

재촉하고 있다
하나씩 녹여가면서

나는 내가 사라지는 곳에 있습니다

언제 올 수 있습니까 사방이 막힌 벽 내가 없습니다
습기만 차오르는 거울과 거울로 막혀 있는 벽 나는 이곳을 나가야 합니다 습기를 닦아내면 곰인형을 손에 쥐고 있는 아이가 보입니다

이름을 물어보면 물에 젖은 곰인형을 꽉 끌어안았습니다 어디서 봤던 얼굴이던가 사방이 거울로 막혀 있는 이곳에는 내가 없습니다 어떻게 생겼더라

나는 사방이 거울인 곳에서 태어났습니다 이곳에는 거울 속에 비친 내가 없고 해가 뜨면 모르는 얼굴을 마주하는 아침이 시작됩니다

상영관 입구

그때, 그러니까 안으로 들어가려고 할 때
핸드폰을 보여주고 통제받은 내가 풀려나고
나는 죄를 짓지 않았기에 안전하게 통과합니다

이제 긴 터널의 입구로 사뿐히 걸음을 옮깁니다
어둠이 깔리고 한기를 뿌려줍니다
너무 쉽게 통과하면 힘찬 걸음이 되니까
두려움을 심어주는 건 필수입니다

이제 나는 두 사람이 겨우 지나가는
이 좁고 어두운 터널을 지나야 합니다
여기를 통과하면 스크린을 통해
환한 빛이 반길 테지만 나는 여전히
입구에 서 있습니다 걸음을 떼려고 하면
자꾸만 뒷걸음칩니다

나를 멈추게 하는 건 누구일까

보이지 않는 긴 줄이 일렬로 늘어서 있고

통과되지 않은 몸은 긴장을 늦추지 못합니다

과감히 달립니다
달려들었습니다
아무렇지 않은 척 내 좌석을 찾았습니다

몇 번의 숨을 고르고
무음 또는 비행기 모드
눈으로 쏟아져 나오는 광고

저 검은 통로로부터
자꾸만 기어 나오는 것
안으로 들어오지 못하고
발을 걸치고
긴 혀를 꿈틀거립니다

나의 눈은 돌아가고
심장은 밖으로 더 멀리 달아나고
자리에 앉은 내가

제로 콜라와 달콤한 팝콘을 욱여넣습니다

암흑이 됩니다
더는 두려운 것이 없습니다

가을 숲

국어 선생님은 도화지를 주며
가을 숲을 그려보라고 했습니다

도화지에 다 담는 건
어려운 일이라서 가을 숲으로
소풍을 떠나기로 했습니다

소풍을 떠나려면
천고마비의 계절을 빌려와야 합니다
하늘이 높아 보여야 하니깐
나는 아주 조그맣게
그려주기로 합니다

종소리가 울리기 전에
소풍을 다녀와야 합니다

낙엽은 낙엽 모양으로 떨어지고
은행은 냄새가 고약한데
몸에 배지 않습니다

이곳은 냄새가 나지 않고
조용해도 웃음소리가 끊이질 않습니다

돗자리는 펼 수 없습니다
도시락은 다음에 먹기로 합니다

도화지 끝은 갈 수 없습니다
커다란 은행나무 대신 문을
그려준다면 우리는 연결될 수 있을까요

급식실에서 음식 냄새가 올라오면
도화지를 책상 위에 던져두고
복도를 달립니다

책상 위에는 그리다만
가을 숲이 남겨져 있습니다
나는 여전히 소풍을 떠나고 있습니다

창문의 풍경이 바뀌었다는 사실을

아무도 알지 못했습니다

3부

그다음 이야기는 우리 상상에 맡기자

홈쇼핑을 보는 거실

 햇빛이 비치는 거실에 앉아 홈쇼핑을 본다 쇼호스트는 바지를 팔고 있다 바지 주머니가 넓다는 말을 세 번 강조하면 이것은 바지를 파는 건지 주머니를 자랑하는 건지 모를 세계로 빠져든다 주머니가 바지에서 떨어질 동안 햇빛은 향을 바꾸고 커튼은 꽉 잡은 창문을 더 꽉 잡는다

 가는 길목마다 주머니가 놓여 있다 마당에서 마당으로 거실에서 거실로 던져진 주머니에 대해 생각한다 얼마나 많은 동물이 빠져 죽었는지

 손가락이 얼마나 잘렸는지 주머니는 조금 더 빨간 주머니가 되고 그렇게 선명한 주머니가 되는 상상을 한다 가까스로 상상하면 주머니엔 숨이 겨우 붙은 여우의 심장을 두 손 가득

 가능한 여기서 죽고 싶다는 무서움에 주머니 속에 숨어들고 내가 살아온 길목마다 주머니가 놓여 있다 표지판을 만들고 거기엔 동물의 꼬리를 잘라 엮은 줄

이쪽으로 넘어오지 마시오.

그 너머엔 돌탑이 가지런히 쌓여 있다 누군가 이 줄을 넘어 돌탑을 무너뜨릴 것이다 무너뜨린 돌탑에서 돌을 주워 산 너머 저 바다로 던질 것이다

홈쇼핑을 보고 있다 주머니가 없는 바지를 파는 그 순간 쇼호스트가 던진 돌이 텔레비전을 깨고 내 머리를 맞힌다 찰싹거리는 파도가 주머니를 관통하는 오후

야간자율학습

짝꿍의 목을 찔러도 공부는 해야 해

선생님은 회초리로 손바닥을 치며
책상 사이를 걸어 다녔다

피가 흐를지도 몰라
바닥 가득 웅덩이를 만들고
숨소리를 내면 안 돼

선생님의 눈을 마주치면
핸드폰 벨이 요란스레 울려댄다
모두 숨죽여야 해

비가 내리고 천둥이 쳐도
일기예보에선 비 안 온댔는데
비는 내리고 우산은 없고
불빛은 깜빡이고

천장은 곧 무너질 것이다

그 위로 쥐 떼가 쏟아진대도
치즈 따윈
그들을 유혹하지 못할 것이다

아무도 모를 거야
뭐가 더 무서운지
교실 문은 열리지 않을 것이다

책상이 넘어지고
모두 소리를 지르고
문을 벅벅 긁어대지

누가 먼저 시작할래
교탁 위에 놓인 것은
먼저 잡으면 한 방에 그어

창문에서 흐르는 것을
비로 착각한다면

우리는 뭐가 무서운지 모르고
종소리는 울리지 않았다

선생님은 회초리로 손바닥을 때리셨지
아이들은 사진 찍는 흉내
누구 하나
티도
않나게
맑게

오렌지를 먹는 동안

 너는 오렌지 껍질을 까며 귤이 먹고 싶다고 했다 네가 오렌지 껍질을 까는 동안 나는 시집을 읽는다 책장의 시집들은 앞쪽에만 북마크가 꽂혀 있다 앞쪽만 너덜너덜한 시집은 우리를 닮았다 만년필에 잉크를 채우며 어느 노트에 필사할지 고르는 사이 너는 오렌지 껍질을 모두 까고 귤이 먹고 싶다고 했다 너는 오렌지의 심지 같다 손가락에 힘을 주고 심지를 빼내려고 하지만 심지는 움직이지 않는다 인디 가수의 공연에서 혼자 따라 부르던 노래 오래 팔리지 않아 집에 들여온 유고집 나는 비뚤배뚤 적은 노트의 앞장을 찢어버린다 네가 오렌지를 먹는 동안 나는 시집을 읽었다 혀가 자꾸만 하얘졌다 잘못 배달 온 택배 상자의 배를 가르는 기분 옷을 거꾸로 입었다 너는 옷을 거꾸로 입은 줄 모르고 집에 간다고 했다 내가 필사한 문장 안에 갔다 돌아오는 길 바닥에 떨어진 오렌지 껍질을 주워 주머니에 넣었다

옥탑

 축축한 옥탑 평상에 앉아 이불을 펄럭이자, 하늘의 구름이 추락하는 모래바람이 분다 걸어 나오자 바닥의 털이 픽픽 소리를 내며 밟힌다

 모래바람이 장식하기 전에 문고리를 돌려야 하고 손을 얼굴에 갖다 대면 바스락 부셔졌다 입에선 모래가 쏟아져 나왔다 말라 바스라지는 마음이 들 때

 내려갈 수 있는 문이 없어 평상에 이불을 깔고 누워 추락하는 꿈을 꿨다 깨어나면 가위에 눌렸다 난간에 손을 짚은 채로

 하늘에선 하얀 가루가 잿가루처럼 쏟아지고 근처 화장터에선 매일 아침 곡소리가 쏟아졌다 귀를 막으면 문고리가 추락했다

 매일 밤 물을 주던 텃밭에선 새싹이 올라오지 않았고 관에서 살았다 돌아오지 못한 죽은 사람처럼 새싹은 흙 안에서만 피어나고

모래바람이 걷히면 나는 이불을 두르고 문고리를 붙잡는 사람, 석양이 핏빛으로 물들고 털이 모래에 쓸려, 더는 꿈이 아니었다

오늘을 거부하는

아침에 일어났는데
오늘이 싫어져서 오늘을 거부하기로 했다

오늘은 오늘
어제 잠은 충분히 잤어요
맛으로 먹나요
따뜻한 밥이면 배부릅니다

이불을 갠다
창문을 깬다
하늘이 파랗다는 걸 기억한다

오늘이 오늘이고
느낀 순간부터 나를 따라다녔다
세수하고
양치하고
무언가 해야 할 마음으로
옷을 갈아입는다

그건 너무나도 당연한 일
당연하기 때문에

조금 누워 있으면
오늘은 나를 재촉하고

그냥 가만히 안 되나요

오늘과 마주 앉는다
내일은 내일 하자

퀴퀴한 기분은
여전히 퀴퀴하고

오늘이 말없이 자리를 피한다
내일은 조금 더 예쁘자

오늘이 누운 침대
침대가 천장을 바라본다

여름 낮

낮이 길어서 숲으로 갔다
숲으로 가는 길목엔 저수지가 있었고
저수지는 메말라 바닥이 보였다

물고기의 사체가 굴러다녔고
자세히 들여다보면 꿈틀거렸다
작년 여름엔 이곳에서 낚시를 했지
손바닥만 한 물고기를 잡았었는데
이름이 블루길이었더라

가방에서 꺼낸 굼벵이를 바닥에 뿌렸다
굼벵이는 꿈틀거리다 죽어버렸고
물고기는 한 번씩 꿈틀거렸다

물고기를 통에 담았다
숲에 묻어주려고
내년 여름엔 살아서 보자며

숲엔 나무가 많았지만

잎이 적었고 땅을 파서
통째로 묻었다

나뭇가지보다 새털이 많은
숲에서 바람을 쐬었다
새의 모습은 보이지 않아

얼마나 바람을 쐬었더라
숲을 나와도 해는 아물지 않았고
집으로 돌아가는 길

반대편으로 돌아가며
물이 넘실거릴 거란 믿음
아스팔트 바닥으로 떨어지는 흙

여름 낮
내린 비가 흙과 섞였다

걷다

방울 소리가 들렸다

나는 걷고 있다
방울을 손에 쥔 채

모자를 떨궜다
줍지 않으면 허리를 굽힌 채
식사를 해야 하는 밤이 오고

어디서 개가 울고 있다고
말하는 사람이 있다

울지 않았다고
대답하며 걷고 있다

울지 않으려고
나는 수저를 드는 사람

개밥을 맛있게 먹고

눈을 뜨면
겨울 햇살이 비추는
산신각 앞이었다

놀이터일지도 몰라
생각한 순간
미끄럼틀을 타고 있는
아이가 보이고

가마에 탔다
방울 소리를 따라 가마가
이동하는 동안

잃어버린 책가방에서
방울이 그려진 그림 카드가 나왔다

가마에서 내리며
신발을 잃어버렸다

너를 안아주는 밤

울지 마, 침대에서 떨어져도

그날은 새벽이었을 거야
머리카락을 늘어뜨린 채
끔찍한 화면을 보고 있었을 거야

우리는 울지 않지
누군가는 과자를 먹었을 테고
누군가는 웃고 있을 거야

이야기는 끝났을 거야 자연스럽게
이는 닦고 자야지
엄마는 매일 잔소리를 멈추지 못하고

문을 닫고 침대에 누우면
흰 천장엔 매번 어떤 무늬가 그려지는데
뭐였지 생각하다가, 잠이 들게 돼

잠에서 깨면

너는 내 얼굴을 붙잡고
나는 벌벌 떨고 있을 거야

말없이 안아주지 마

그럴 때면 가위에 눌리게 된다
눈을 질끈 감으면
침대는 떠다니고
단둘이 남게 돼

자는 척하자
뭐가 무서웠어

창문 너머엔 불 켜진 집이 있고

침대에서 떨어져도
안아주지 말았어야 했다

엄마가 문을 벌컥 열고 들어와도

지우개는 들지 말자
쌓여 있는 가루를 날리지 말자

그다음 이야기는
우리 상상에 맡기기로 하자

구겨진 종이를 창문 밖으로 던졌다

너는 보았다 장면을 학교 뒤편 쓰레기장에서 너는 보았다 그것을 보았을 때 너도 이렇게 되고 싶어? 때리지 않았어 나는

너는, 그 애를 피해 다녔다

때리지 않았어
나는
때리지 않았어

화장실에서 손을 씻다가 그 애를 마주쳤지 거울에 비친 그 애는 다 알고 있다는 표정으로

손을 뻗고
손을 뻗고

너는 거울에 물로 뭉친 휴지를 던졌다
화장실은 항상 물에 젖은 휴지로 가득하고

우리는 서로의 이름을
우리는 서로의 얼굴만
우리는 같은 반이

기억합니다
기억합니다

나는 보았다 장면을 학교 뒤편 쓰레기장에 눈이 내리는 풍경을 발자국은 어지럽게 널려 있고 다시 내린 눈이 발자국을 덮는 동안

너는 창고에 책걸상을 두고 왔지 빈자리가 네 자리일까 봐 뭉쳐진 주먹이 배를 정확히 네 번, 발이 몸을 정확히 두 번

선생님은 말씀하셨지 너는 듣지 않으려고 두 귀를 붙잡고 아니야, 아니야 텔레비전 뉴스 자막이 그 애를 두 번 인터넷 포털 사이트 메인이 그 애를 네 번

모두

손가락질
손가락질

나는 무언가가 적힌 종이를 구겨 창문 밖으로 던졌다

그날, 너는 정확히 보았지

거울이 말합니다 나는 여기에 있어

 이 거울을 없애기 위해 얼마나 많은 일이 있었는지 모릅니다 이사 온 첫날 거울은 갑자기 내 방에 덩그러니 놓여졌습니다 폐기물 스티커를 붙여서 번쩍 들고 버렸습니다 버려도 버려도 돌아오는 프랑스 인형처럼 거울은 어느새 내 방으로 돌아왔습니다 무언가 할 말이 있는 것처럼 거기밖엔 자리가 없는 것처럼 부서지고 싶지 않은 것처럼 돌고 돌아 돌아왔습니다 거울은 원목으로 짜인 꽤, 가격이 나갈 거 같았습니다 버리고 가기엔 아까운 그런 물건 말입니다 거울은 아침마다 조금씩 달라졌습니다 거기에 놓자, 생각한 순간부터 나를 비추지 않았습니다 내 모습이 비치지 않는 거울은 또 어느 순간 바닥과 한 몸으로 떼어지지 않았습니다 거울은 그때부터 내가 아닌 누군가를 비췄습니다 어떤 형상은 점점 또렷해지고 다음 해 아침에는 빨간 사인펜으로 그려진 빨간 집 그 집은 창문이 있었는데 새벽마다 폭포수 같은 검붉은 머리카락이 쏟아져 내렸습니다 처음에는 그림이겠지 가짜겠지 생각하는 밤으로 또 손가락을 접는 나날이 계속되었습니다 처음엔 무섭고 그다음엔 호기심 머리카락을 싹둑 잘랐습니다 정말 머리카락이었습니다 1센티미터를 자르면 어느새 2센티미터가 자랐습니다 아아, 이건 정말 머리카락이구나 깨달았을 때 그것은 눈물 대신 머리카락이 흐르고 있구나 생각하며 접었던 손가락을 펴는 나날이 있었습니다 무서웠을 테죠 새벽마다 끔찍한 가위에 눌리는 것보다 더 끔찍한 일이 벌어지고 있다는 걸 깨달았을 때 더는 무서워할 수 없었습니다 이제 저는 이 거울의 이야기를 들어봐야겠습니다 의도를 파악하기란 참으로 어려운 일입니다 누군가는 미쳤다고 말하겠죠 저 안에 거울 안에 누군가 있어 사람일 것이고 이제는 구해야 합니다 이 거울을 깨뜨리면 산산조각이 날 것이고 몇 조각으로 흩어진 당신의 얼굴 손목 배 다리 그런 일이 일어나서는 안 됩니다 나는 사람을 죽여본 적 없고, 아픈 게 뭔지 몰랐습니다 열 달 동안 긴 줄을 붙잡고 밖으로 나가다가 떠밀려 제자리걸음을 했을지도 모릅니다 나의 손바닥에는 살아온 줄이 새겨져 있습니다 두 손을 꽉 쥐어도, 사라지지 않습니다 이런 건 내가 살아온 생이 아닌데, 방에는 창문이 없습니다 창문이 없는 방은 계절이 없고, 거울에는 눈이 내리고 있습니다 사월에도 눈이 내릴 수 있다면 이건 정말, 럭키하잖아 거울이 말을 걸어옵니다 바닥은 얼어붙고 녹았다가 축축해지고 언제 그랬냐는 듯이 말끔해집니다 나는 여기에 있어 거울이 아닌 내 입에서 흘러나오는 말 거울 속으로 갑니다 서로를 바꾸는 일, 그제야 거울이 웃습니다 내가 완연한 하나의 거울 세상이 되었을 때 거울은 기다렸다는 듯이 부서집니다

하나의 금붕어가 되었을 때

신은 금붕어가 되기로 했다
한숨을 살아보고 싶어서
하나의 숨을 몰아쉴 때

어떤 숨이 소중한 거야
신은 천진난만한 눈으로 말하고
어떤 숨이 소중할지 생각하다가
금붕어가 되기로 했다

신에겐 하나의 숨을 접는 일 따위가
시시하게 느껴지기도 했다
언제나 불어 넣을 수 있으니까

금붕어는 숨을 쉬기 위해
작은 어항 위로 뻐끔거리고
언제나 더 작은 세상에서
더 큰 세상을 바라보며
동경하지 않았다

네 숨이 다하는 날까지
뻐끔뻐끔 거기가 전부인 줄 알고
맴돌다가 먹이를 받아먹었다

신이 처음 금붕어가 되었을 땐
숨을 쉬는 일을 잊어버렸다
그건 너무 당연한 일이니까
두 번째 숨을 불어 넣으려 할 때

신은 생각했을 것이다
더는 신이 아니라는 것을

이제 그는 신이 아닌 금붕어
작은 폐로 숨을 몰아쉬는 일
하나의 사랑을 그리는 일
거기서 유영하며, 너의 관심을 끌고
손길을 기다리며 손짓하는 일

신은 그제야, 사랑을 깨달았다
어떤 숨은 하나이기에 한 손에 쥘 수 없고
이런 숨을 사랑이라 부를 수 있다면
신은 언제나 죽음을 생각하는
하나의 금붕어가 된다

극장에서

 잠이 들었으므로 나는 극장에 갔다 입구에서 우리는 만나기로 했다 아직 오지 않은 사람은 오지 않은 채로 두고

 나는 극장 안으로 들어갔다

 극장에는 사람이 한 명도 없었다 영화가 곧 상영하므로 관으로 들어가라는 안내 표지판만 있을 뿐이었다

 표지판을 따라 관으로 들어가면 사방이 온통 어둠뿐인 곳에 단 하나의 의자만이 놓여 있다 자리에 앉자 기다렸다는 듯이 영화는 시작된다

 나는 아직 잠이 깨지 않았으므로 등장인물이 나오지 않는 이 이상한 영화를 봐야 했다 나를 끌고 가는 환한 빛이 있어 의자에서 일어나면 안 될 것 같은 기분으로 의자에서 일어났다

 영사실에는 영사기만 돌아가고 만나기로 했던 사람은 잊은 채로 환한 빛으로 천천히 몸을 옮겼다 영화는 막 클

라이맥스를 지났을 것이다

 클라이맥스가 지나고 환한 빛이 사라지면 비로소 죽은 풀이 자라는 영화는 어디로 향하고 있는 걸까 죽은 풀을 온몸에 감고 주인공이다 외치면

 나는 주인공이 된다 이 극장 안에는 주인공인 내가 있고 다음 차례를 기다리며, 관으로 들어가려는 사람이 있다

상문

엄마는 상문이 들었다고 했다 뒷문으로 들어왔나 현관문은 잠겨 있고 전화기는 울리지 않았지 방을 치우지 않으면 몰려온다고 했다 저 너머에 무엇이 있는지도 모르고

무엇이 무엇인지 모르고
현관문을 열고 맨발로 환영했지
발이 검어지는 줄도 모르고
잡귀가 된 줄도 모르고

어린아이였겠지 색동옷을 입고 꼬까신을 신고 강둑을 뛰어다녔겠지, 밤에는 열꽃이 핀 얼굴로 더 어두운 밤을 기다렸겠지

빛은 문지방을 넘어오지 못하고

아가야
잡신이 되었구나 이불을 포개던 엄마가 북어도 치우고 부적도 떼어버린다

사방을 둘러싼 흙냄새와
가지런히 펼쳐진 이부자리
자장가를 불러주던 엄마의 손

비나이다 비나이다
천지신명님께
비나이다 비나이다
두 손을 모으고

방문을 열었다
연꽃이 떨어지고
촛불이 꺼지고
비처럼 쌀알이 쏟아져도

칼을 바닥에 두고
막걸리를 컵에 따른다

엄마는

엄마의 몸은
신이다
신과 함께 산다

집을 잘못 찾아왔다
아기가 되었다가
할머니가 되었다가

이름을 물어보면
상문이라 하였다

손이 얼음장처럼 차가워
자장가를 불러주었다

효과 효능

네모반듯하게 자른 종이
손에 쥐고 부적이라 생각하면
정말 행운이 찾아올 거 같아

신발을 신었습니다
몸을 일으키는 것만으로도
효과가 있다고 합니다

역광장에서 받은 전단지
힘을 줘도 구겨지지 않고
효능이 아주 좋습니다
그건 모르겠고요
더운데 일찍 퇴근 바랄게요

한발 다가가면 멀어지고
사람의 뒷모습만 쫓아가고
전단지를 주머니에 넣을 수 없고
바닥에 버리면 불길한 일이 생길 것만 같아서
손이 땀에 젖어 축축합니다

길을 잃었습니다 목적지가 어디였더라

발길이 닿아 멈춘 곳

문을 두드린다
영화의 클라이맥스를 찍는 것처럼
긴 호흡은 필요하지 않고

속마음을 감춘 듯 두 손을 애써 감추는 일
전단지를 돌려주며
효과가 있었나요, 종이도 부적이라 믿으며
되묻는 일

향이 몸에 밴다
향수를 뿌린 것도 아닌데 향이 배어나고

버럭 소리쳐도
다정하게 손을 내밉니다

부적이 비처럼 쏟아지는 골목길

효과 효능은 알 수 없고
줍지 않습니다
사뿐히 밟아줍니다
믿음은 쉽게 사라지고
발이 뜨거워집니다

4부

커다란 칼이
당신의 등을 가로지르고

사과대추나무가 자랄 동안

미워했던 친구를 용서하고
집 앞에 심어진 사과대추나무를 보았다

사과대추가 열리는 삼 년 동안
땅속에 웅크리고 싶은 마음을 숨긴 채
키가 부쩍 자란 사과대추나무

용기: 밥을 많이 먹어도 힘이 나지 않음

용서는 용기가 필요하다는데
당연한 말을 당연하게 뱉는다

버릴수록 단단해지는 마음이 있다

사과대추나무가 다 자라기도 전에
떨어진 알맹이를 대추라
부를 수 있을까

주머니: 숨기고 싶지 않음의 다른 말

알맹이를 주머니에 넣었다
오래도록 만지작거렸다

온기: 불어 넣을수록 피폐해지는 것

알고 있던 단어를 입에 넣고 웅얼거렸다

수집: 여러 단어를 모아도 사용처가 분명하지 못함

태풍이 오길
사과대추나무가 뿌리째 뽑히길

기다림: 사치의 다른 말

주머니 속에 손을 넣었다
손이 끈적거렸다

방법을 찾아내는 건 어른스러워서

사과대추나무가 자랄 동안
나는 어떠한 단어를 찾지 못했다
끈적임이 오래 남았다

끈적임
용서와 용서 사이에서 영원히 맴돌고 있는 무언가

햇빛이 쏟아지면
사과대추나무는 쑥쑥 자랄 것이다

당연한 말이
너무 싫은 오후

버려도 되는 시는 없어

그때, 그러니까
너는 막 시를 젖고 있었을 테지

적다가 아니라 젖다가 맞아
고쳐야 할까 하는 말도
버릴까 하는 말도 넣어둬

차를 마실 땐 차담
시를 적을 땐 시담

어느 날 시는 문장은 단어는
걸어 나왔어 내 어깨를 툭 치고
분명 내가 적었는데 다른 말을 하고 있고
그때 젖었어 무심코 지운 그 단어가
울고 있던 거야 어깨 위로 방울을 툭툭

너무도 사적인 말을 하는 시가
낯설어서 멀리 뒀을지도 몰라
더는 이 시에서 어떤 용기를 찾지 못했을 때

너는 시를 지우고 빈 페이지에 물었지
나 잘했지 이렇게 해야 맞는 거잖아
빈 페이지는 말했어
젖지 않았어 나는 젖을 줄 몰라서
차를 쏟았지 그럼 알게 될 거야

버려도 되는 시는 없어

선택받지 못한 마음이
어디로 가야 하는지 아니
되돌아서 다시 마음이 되고
그 마음은 웅크리고 살아

휴지통에 쌓인 시가
네게 말해 살려달라고
오늘도 나는 나를 버리고 있지

그 마음이 닫힐까 봐

내가 전부 젖어버릴까 봐
시를 적시고 있어

영과 일

 담금주를 담근다 그건 영의 일이다 영은 술을 하지 못하고 쌓이는 과일에게 생명수를 부어줄 뿐 이따금 창문은 어둑해지고 눈은 보이지 않지만 내리고 있어

 대야에 술을 붓는다 그건 영의 일이었다 눈사람을 만들었다 나무로 조각한 눈사람 그건 일이 만든 작품이다 겨울은 겨울이기 때문에 봄에도 눈이 내렸다

 사과는 상처 난 부분이 제일 맛나대 상처 난 부분만 도려내 담금주를 담근다 이 새벽은 담금주로 넘쳐나고 침대는 떠다닌다 자주 뒤척이면 하늘이 데려간대 일이 말했다 그건 네가 천둥과 벼락을 사랑해서 그런 거지 영은 말했다

 영은 무엇을 무서워하는지 종종 까먹었다 영은 일을 모두에게 알려주지 않을 것이다

 하늘의 꿈은 하늘이다 떨어지는 꿈은 떨어지는 꿈이다 어른들은 틀렸어 담금주도 결국 술이잖아 달콤함에 속아 마신다 취한다 설탕을 듬뿍 넣은 말은 믿고 싶어지고 물

이 물이 아닐 때까지 술이 술이 아닐 때까지

  담금주를 담그면 일이 맛나게 마셔주길 깨뜨려도 볼 거야 영이 말했다 동네는 조용했다 차가 북적이지 않는 도로 운전석이 없다 차가 움직이기 시작한다

  그날 밤 집을 잃은 사람들이 우물로 모인다 일은 집을 나설 채비를 하고 영은 배웅하지 않았다 우울 안에서 어떤 웃음소리가 들리고

  영은 숙성되지 않은 담금주의 뚜껑을 열 것이다
  웃음소리가 멈출 때까지 담금주를 마시지 않을 것이다

오늘은 이불 속을 나올 수 없어요

돌아가야 한다고 말할 때마다
사랑니에 통증이 느껴졌다

꿈속에서 그렇게 찌르고 또 찔렸는데
일어나보니 베개뿐이고
파묻을수록 번져가는 얼굴

자주 가는 장소에서 네가 오길 기다리는 일
공포영화 상영관에서 관객의 비명을 받아 적는 일

거울에 표정 스티커를 붙인다
코를 입에 붙였다가
눈을 코에 붙였다가

마음대로 바꿀 수 있다면

전신주에 걸린 것은
새끼 고양이의 꼬리입니까

목이 늘어난 티셔츠를 입으면
우리는 모두 기린

나는 울음을 이해하겠지

엄마가 몰래
물에 담가둔 곰인형을 꺼내 안으며
어두워질 때까지 이불 속을 나올 수 없었다

건조기에서 덜 마른 옷을 꺼내 입었다
물비린내가 풍기는 거실

논알콜 뱅쇼를 마시는 시간

잘린 오렌지가 들어간 뱅쇼를 마시며
노트북을 켠다
뜨겁게 우려낸 단어들
마시면 온몸이 녹아버릴 거 같아
이 겨울 나는 시를 쓴다
겨울을 닮은 시는 금방 얼어버리고
봄이 오면 모두 녹아버리겠지만
단어들이 모두 녹아 사라진 찻잔에는
뱅쇼의 향과 잔해물
창밖은 어두워지고
울음을 땅에 심어두고
한 그루의 나무를 생각하는 일
그곳에 잠들지 못한
떠돌이 영혼을 생각하다가
논알콜 뱅쇼를 한잔 건네는 밤
잔은 식어버렸고
아무도 마시지 않았을 테지만
논알콜 뱅쇼를 마시는 시간에는
눈이 오지 않아도 눈이 내리고

문을 닫아도 들어올 수 있어
조용히 어루만지는 닿지 못하는 손

기념일
— 나무가 건넨 메뉴판

등수가 떨어진 기념일
너는 웃는 얼굴을 제조한다

똑같이 복사된 선물들 사이
나는 두통을 도장처럼 찍었다

나무가 건넨 메뉴판을 받으며
여기는 무엇이 맛있는지 알 수 없고
어느 레스토랑에 왔는지 기억이 없다

코를 찌르는 칭찬에
네가 신은 구두가 성인 흉내를 낸다

선물은 투명한 리본으로 묶여 있다
축하해, 많이 축하해요
인공적인 함성이 울려 퍼졌다

그 목소리에선
은은한 부드러움이 느껴져

이동하는 심장

우리는 접시 위에 놓인
가격이 매겨진 박수를 썰었다
포크를 들고 마음껏 찍어대는

그래서, 우리가 주문한 음식이 뭐였죠

그 순간
일제히 쳐다보는 사람들
밀랍처럼 어느새 굳어지고
표정을 읽을 수 없을 때

성적표의 숫자가 지워지고
입꼬리의 경련이 풀릴 때
바람이 살랑 풀어 온다

건네받은 나뭇잎

정신을 차리자,
내가 주문한 음식을
다시 건네주는 나무

당신

당신을 생각하면
12월의 동백꽃

겨울에도 눈이 내리지 않는 나라
바람은 매서운데 햇살보다 따스하고
마음은 돌보다 단단하거든요

그러나, 당신의 눈동자를 가만히 들여다보면
하나의 슬픔이 느껴져요
애써, 흔들리지 않으려고
붙잡고 있는 슬픔이 보이거든요

나는 영매도 아닌데
당신 뒤에 커다란 그림자를 볼 수 있어요

그림자는 당신을 끌어안고 있어요
어떤 표정을 알려줄 수 없을 때
뿌리가 뽑힌 하얀 동백꽃을 생각해요

그림자는 당신을 애정하는 존재
이제 당신을 끌어안을 수 있는 당신이 되기를

커다란 칼이 당신의 등을 가로지르고
비명 대신 웃음이 나올 때
나는 그런 당신을 바라보며
비로소 손을 내미는 겨울 밤

당신은 얼어붙지 않는 밤
나는 저고리를 붙들고 숨어버리지
당신은 나 대신 작두 위에 올라
매서운 바람을 맞으며 칼날을 걸어요

피 한 방울 나지 않아
단단한 마음은
가위눌림도 이기지

나는 그런 당신이 좋아요

동백꽃을 심어두고
애정하는 깜깜나라

깨지지 않는 것

네가 떠나간 길은
눈이 내리지 않아도 빙판 같아

마음을 버리기 위해 나선 밤
돌아서면 자꾸만 시리고
찬바람이 부는 까닭을 찾다가
모두 내 잘못 같아서
결국 버리지 못하고 돌아오는 밤

용서란 침대 위에 쌓아둔 상자 같아
물건이 없을 땐 신경 쓰이지 않으니까

지나간 몇 해를 그리고
눈을 뜨면 너무 고요해서
이런 건 익숙하지 않은데
여전히 절대음감은 아니고

저수지로 갑니다
여기선 마음껏 버려도 들키지 않을 거 같아요

얼어버린 저수지는 돌을 던졌는데
깨지는 게 없어요
깨지는 게 없었습니다

운전도 하지 못하면서
차를 몰고 온 곳이 결국 여기고
서점의 불은 여전히 꺼지지 않아

아무 책이나 집어 들고
계산도 하지 않고 뛰쳐나가
사는 게 사는 게 아니라서
만질 수 없는 돈을 내고 돌아왔지

이런 마음도 내놓을 수 있다면
헌마음은 얼마의 가치가 있을까
몰래 네게 버리고 왔지

내 마음이 헌 까닭을 찾다가

영영 아침은 오지 않았고
몇 해의 밤을 지새며
더 어두운 부분을 찾다가

눈을 뜨면
새 책을 손에 쥔
저수지 앞

이 마음은 영영 버리지 못하고
여기선 곡소리가 끊이지 않아
나는 그 소리에 맞춰 입을 움직인다

아주 슬픈 날이야

빈 접시를 테이블 위에 올려놓으며
그렇게 말하는 사람이 있었다

나는 종종 멈추기를
즐기는 사람

새옷을 샀다
샀는데
봉투 안에서 꺼내지 못한 말들

관찰하기를 태우는 사람

오늘은 당신이
아주 슬퍼 보여서
나를 바라보는 거야

슬픔은 때때로 옮겨 다녔다

나는 울지 않으려고

전염병처럼 바닐라라떼를 마시는 사람

노래를
길을
더는 귀를 열지 않았다

가끔은 작아지고
하수구로 떠밀려도
빈 접시를 치우며
빈 잔을 채우며

그것이 사실이라고 해도
그러고 싶지 않았을 거야

아주 슬픈 날에는
나는 슬픈지도 모르고
옷을 샀네
맛있는 음식을 먹었네

얼마 만에 봉투에서 꺼냈더라
서랍에 넣었다
보고 싶은 날에는
베개를 버렸다

늘었다가
줄었다가
스웨터처럼

꿈속의 정원에서
생일 잔치를 벌이고 있을
그런 어느 날에

이를테면 시 같은 거

시를 쓴다
내가 좋아하는 그 애에 대한 시를

그 애를 만나기 위해서는
기쁨과 반대되는 시어를
선택해야 할지도 모른다

죽음, 슬픔, 절망, 액운
어쩌면 더 환상적인 시어를

아니
환상으로 가야 할지도 모른다

전신 거울을 방에 들여놓고
빨간 사인펜으로 어느 집을 그리고
손을 뻗으면 나는 어느새 집주인

빨간 집에는
나 빼고 아무도 없어서

옷장을 그려 넣는다
색색의 사인펜으로 옷장을
채우는 일

바깥 풍경은
눈이 내리면 좋을 거 같아
어쩌면 사월의 만우절이 좋겠어

여기선 모든 게 가능하다고 생각했는데

사월의 만우절 밤에 눈이 내린다
도로는 얼어붙지 않으면 좋겠어
얼어붙는 마음은 나 하나로 충분하니까
그렇게 춥지는 않길 바라

맛있는 저녁 한끼를 먹는 일
포근한 집에서
너와 함께 수저를 드는 일

수저는 너무 무겁고
이 모든 건 그림에 불과한데
허구는 가능의 다른 말

김이 나는 된장찌개도
그림이라는 걸
먹을 수도 없다

바라만 보는 일은 여전하고
날마다 만우절 같아서

누가 이 거울 좀 깨줄래요

거울은 내 방을 비춘다
가지런히 정돈된 이질과 마주한다
나갈 문 앞에 압정을 쏟아붓는
그런 이질이라면 환영해

그 애를 잊기 위해서는
액운과 반대되는 단어를 찾아야 한다

이를테면
희망, 무지개, 행운, 조금 더 럭키한 것

내 방에 들어온 엄마가
액체를 뿌려 전신 거울을 닦는다

끝나지 않은 편지

안녕이란 말을 내뱉기 전에
마음을 버리고 오는 밤
찬바람이 부는 까닭을 찾다가
몇 해를 보냈는지 모르겠습니다

여전히 안녕이란 말이 서툽니다
스치는 모두에게 안녕을 건네고
돌아오면 또 내 방입니다

오늘은 잘라내야 할 것이 많습니다

이를테면, 제 안에 있는 작은 씨앗
줄기가 뻗기 전에 잘라야 할지 모릅니다
또 텅 빈 곳에 어떤 어둠이 쌓일 테고
자꾸만 웅덩이를 만들어내고 커집니다

안녕 잘 지내니, 오늘은 네 생각이 나서 선물을 보냈어 좋아했으면 좋겠다 여전히 1은 지워지지 않고 부재중을 여러 통 또 보내고 또 보내도 받지 못하는 선물은 쌓이겠지

긴 터널을 빠져나와도
터널뿐이고
너는 터널증후군

빠른 길이라 생각했는데
여긴 한여름에도 눈이 와
신기하지 않니
멀리 돌아도 돌고 있고

이불을 덮고 불을 끕니다
영원한 안녕은 아닙니다
방문이 닫히고 여기는 나뿐인데
수많은 입꼬리가 말을 건네는 세계

나의 고백은 이제부터 시작입니다

안녕, 잘 지내니
여기는 날씨가 참 좋아

나는 아직도 네게 부치지 못할 고백을 쓰고 있어

훼손하기 쉬운 섬

 섬이 있었다 물건을 가져다 놓으면 물건이 사라지고 작물을 심어놓으면 다 자라기도 전에 사라져버리는 그런 섬이 있다

 친구에게 섬에 같이 가달라고 부탁했을 때 섬에 가고 싶지 않다고 말했다 주말에는 갈 수 있잖아 대답을 이해하지 못한 채

 그 섬은 무인도가 될 수 없고 사람이 살지 않기 때문에 사람이 될 수 없다
 섬이니까 배를 타야 하지 않을까
 어디에나 문이 있다면 문고리를 돌릴 수 있을까

 섬에 가고 싶은 이유를 묻지 말아달라 말하는 나에게 친구는 섬에 가고 싶은 이유를 상상하다 하나의 섬에 빠져든다

 작은 것은 작아서 소파에 올라가 웃지 못하고 침대맡에 이불을 깔고 누웠다 불을 꺼야지 친구의 이름이 생각나지

앓을 때

 친구가 있었더라 아마도 그랬다면 적어 내려갈 수 있는 이름을 떠올리다가 문득 수많은 이름에 빨간 줄을 그은 일이 있었다

 빨간 줄이 모여 섬을 만들었다
 섬을 떠올릴수록 사라져버린 것들이 떠오르는 아침, 어제는 이랬다가 오늘은 저랬다가 내일은 어땠더라 빨간 줄이 하나 더 그어지는 날이겠지 기억나지 않을 것을 기억나는 일로 만드는 일

 섬은 섬이다 이쪽으로 넘어오지 마시오 어딘가 반드시 존재하는 섬 사람이 가면 사람을 훼손시킬 수 있는 섬 존재를 훼손하고 붉은 머리카락이 잘려 쌓인 무덤

 이유를 묻지 않기로 한다 기억나지 않은 것들을 섬에 묻고 가끔 훼손해도 좋아 잠시 새가 머물 수 있다면

섬은 파인다 곳곳에 구멍이 생겼다 그 섬은 언제 생겼더라 훼손하고 싶은 순간이 되면 섬이 먼저 떠올랐다

5부

영영 돌아올 수 없는
긴긴 술래의 섬이래도

사랑의 방식

사랑하는 것들이 모두 말랑했으면 좋겠어
슬픔을 끌어안을 수 있게

길을 가다 본 공원 벤치에
홀로 앉아 있는 할아버지
고개를 숙이고 생각에 잠겨

보이지 않아도 보일 수 있고
체온이 없어도 감촉을 느낄 수 있지

옆에 있다고 상상해보세요
내가 가장 그리워하는 누군가를
가장 가까이 손을 흔들고 있을

때론 가장 무서운 모습으로 나타나
나를 두려워하고
미워할 수 있게
점점 멀어질 수 있게

이게 네가 나를 사랑하는 방식이라면

그런 세상이 온다면
사랑하는 것들은 모두 말랑할 수 없겠지
더 슬퍼지기 전에

너를 위해 유령이 되어도 좋아
흰 천을 덮어쓰고
가장 무서운 얼굴을 그려

눈물은 흰 천 안에 감추고
번지지 않을 거야
아무도 모를 거야

아침이 오면
서서히 멀어질 수 있게

꿈속에 나온 유령을

모두 사랑하게 된다면
유령도 말랑한 마음을 가질 수 있을까

네가 슬퍼하지 않게
오늘도 놀란 표정을 하고
잠이 드는 밤

22년식 미니

일어나서 제일 먼저 한 일은
핸드폰을 켜고 배달 앱 열어보기
새벽이면 공원 주차장에선
고양이의 사랑싸움이
키보드 통울림보다는 울림이 약하고
마음이 아프다면 그건 질투 혹은 사랑

너무 많은 것들이 변해버렸지 미니, 이젠 울음밖엔 사랑할 수 없는 세계에서

심장이 뛰어야 해
그렇게 말하는 순간 사랑했던 것들은 시간이 멈춰버린다 어두운 방에 혼자 있으면 문득 지워버리고 싶은 사람 있잖아 미니, 너를 부르면 나는 창문의 커튼을 닫지 닫을 수도 없는 창 앞에서

창문 안, 밝음이 계속되고
창문 밖, 그림자의 소리가 들려

미니, 22년에는 너를 무어라 정의하면 좋을까
의무적으로 의식적으로 때론 무심하게
산다, 다이어리를 너를 미니라 불러도 될까
22년식 미니, 이름을 불러보면 포근한 느낌이 들어
그래서 서늘해

이젠 웅크리지 않아도 돼
다이어리는 빈칸으로 남겨두고
오늘의 이야기엔 관심이 없고

뭐가 더 잔인한데
매 순간 빈칸을 메우는 일

빈칸이 모두 검게 칠해지고
벽에는 이상한 무늬가 있었는데
어느 순간 지워져도
뭐든 좋아
방 한가운데 책상이 있었나

새벽이면 고양이들은 사랑을 시작하고
키보드 통울림은 여전히 듣기 좋고 듣기 좋은 것은 불안하고
때론 익숙한 건 찾기 싫다
터널증후군
떼어버린 손목을 찾은 후 그곳이 쓰레기장이든 하수구 안이든
그건 중요하지 않아
미니 너는 느리게 살아간다 빈칸을 남기는 만큼 가끔은 말을 줄일 필요가 없다
어제는 벼들이 살았대
벚꽃에서 은행 냄새가 나고
묵혀둔 옷을 꺼냈다 미니는 올해도 왔다가
갔다가
올 것이다

25년식 미니

 안녕, 자기소개가 늦었지 내 이름은 미니야 그렇게 시작하는 편지를 쓰다 지운다 미니는 24년도에 시인이 되었다 여전히 한국어는 어려운데 말이야 사람 마음은 자꾸만 부서지는 자갈 같아서 파도에 몸을 담는 이를 떠올리는 새벽이야

 22년식 미니에 대해 쓰고 시간이 참 많이 흘렀네 그동안 잘 지냈어 서툰 안부를 물어보지만, 누구보다 잘 알잖아 아니지 겉보기와 다른 건 알 턱이 없으려나 가끔 무슨 말을 하는지 모르겠다 하지만 괜찮아 그것마저 즐기면 되니까

 미니를 떠올리면 은행 냄새가 나 벚꽃이 활짝 핀 거리를 걷고 있어도 은행 냄새가 날 거 같아 그래도 다음 날은 밝아오고

 미니는 울고 웃었다 새해가 시작되고 참 많은 사람을 알게 되고 만났는데 사랑의 감정은 여전히 어렵고 더 단단해지기 위해선 부서지는 마음을 먼저 학습해야 한다는

걸 깨닫지만

  언제나 일어나서 제일 먼저 한 일은
  조금 더 뒹굴기
  뒹굴다가 방문이 열리기를 기다리기
  숨죽이고 지켜보기
  소리에 민감해지기
  참고 싶을 때까지 참아보기

  키보드를 새로 바꿨는데
  도각도각 좋아서
  뭐라도 좋으니 적어볼게

  너무 많은 것들이 변했지, 이젠 울음 뒤엔 웃음이 있단 것도 알게 되었지만 사람들은 픽픽 쓰러지는 모래사장의 어느 깃발 같아서

  멈출 수 있다면
  잠깐 심장아 멈춰줄래

이런 기다림은 언제나 환영해

창문 밖, 녹지 않은 눈이 쌓여
창문 안, 이런 추위는 이제 익숙하고
참을 수 없는 서러움은 시리얼에 말아 먹고

미니야, 25년도에는 너를 누구라고 정의할 수 있을 거 같아 그런데 정의하고 싶지 않은 마음이야 커피를 마시고 마셔서 다이어리를 받았는데 아직 열어보지 않았다

매 순간 빈칸을 채우지 않는 일
더는 잔인하지 않고
긴 터널을 빠져나와도
여전히 터널증후군

방 한가운데 뭐가 있었지
내 방에 있던 건 영가들
하나둘 사라졌더라
더는 그리워하지 않을게

미니는 올해도 찾아왔고 내년에는 모르겠지만 언제나 나타나서 나를 놀라게 하고

미니가 온다

미니는 가끔 찾아와 오래 머물다 간다 침대 밑에 숨어 있다 놀라게 하는 걸 좋아한다 방문을 걸어 잠그고 모습을 감춘다 일부러 딸꾹질하고 뒤로 넘어진다

미니는 불쑥 내 앞에 나타난다 네 이름이 뭔지 몰라 그렇게 부르기로 했어 우리 사실 친한 사이도 아니잖아 네가 입술을 삐죽 내민다 달라붙지 마 이불을 끌어당기지 마

미니, 얼마나 아픈 말을 해야 네가 아파질까 음식을 모두 태워먹어도 배탈 한 번 안 나잖아 사람들이 웃고 있잖아 슬픔이 슬픔을 몰라서

아무도
같이 슬퍼해주지 않아

이불을 내리고 일어나야 해 옷가지를 툭툭 털자
암막 커튼을 친다고 해가 뜨지 않는 건 아니니까 방문을 돌려야 해

새 옷을 사러 나가자

오래 살았다 미니야 오래 살았어
생각되는 날이면 연락할 사람이 없고
낙엽은 낙엽 모양으로 떨어지는데
은행 냄새는 여전히 고약하지만 밟고 싶고
아무리 몸을 씻어봐도
냄새는 몸에 배지 않고

도로 한가운데서 미니 너를 구할 수 있을까 차는 미니를 통과하고 역사 안에 서 있으면 이따금 전철보다 빨리 달릴 수 있을 것만 같다

미니 이곳은 냄새가 나지 않아 많은 사람들 사이에 서 있어도 조용하고 웃음이 끊이질 않는 건 누구일까

빈 곳에 앉아 물을 채웠다 잔은 넘치고 취해가는 건 물 때문이지 물이 아닐 때까지

그건 너무 잔인한 일이다

미니가 운다

너무 많은 것을 들켜버렸지 미니, 이젠 울음밖에 남지 않은 세계에서

살아남아야 해
그렇게 말하는 순간 시간이 멈춘 듯 어두운 방, 혼자 있으면 문득 생각나는 사람 있잖아

미니, 너를 부르면 나는 이미 어두운 방, 방문을 열어두고 싶지 않아

어두운 방, 웅덩이가 깊어지고
어두운 밤, 목탁 소리가 들리는 기분

미니, 식사할 시간이야
일어나야 해 더는 숨어지낼 수 없다 화분을 깨뜨리고 난동을 피우는 환상 도시는 흘러간다

그건 너무도 당연한 일인데

당연하다고 말하는 것만으로
그래서 그랬군요 그런데요 더 당연한 심연으로
이제 모르는 사람이라고 정의하자

방이 환해진다 침대가 사라진 후 쌓였던 건 먼지 혹은
먼지의 먼지
  침대 밑에 웅크리고 앉아 있는 재 좀 봐

미니 이제 침대는 없어 웅크릴 공간은 없어 우리는 일
부러 더 많이 잔인한 일을 찾았다

방이 이리도 넓었나
벽에는 포스터 뗀 자국이 선명하다
뭐든 좋아

미니가 운다

그건 당연한 일

울음에선 어떤 냄새도 나지 않고
벽에 이상한 무늬가 생겼는데
미니는 미니라서
울고 있다

미니가 간다

죽지 않을 만큼만 일기를 쓴다 성경에선 답을 찾을 수 없다 미니, 너는 천천히 살아간다 일기를 쓰는 만큼

외롭다는 말 대신 미니야
슬픔은 오래가지 않아
웃을수록 더 많이

가끔은 말을 줄일 필요가 있고
미니야 그 한마디 대신

어제는 벼들이 죽었대
사람들을 지키기 위해
죽지 않았을 거야
아무도 몰라준다면
살해당한 거지

이제 작별할 시간이야
하수구 냄새가 이따금 좋아지고
빈 잔에서 무슨 냄새가 났는데

돌아갔다,
미니라고 외치며 잠에서 깨는 저녁

아프지 않겠지만 아프기만 한다면
남은 시간은 없고

극장에서

 누군가 관으로 들어오기 위해 영화표를 샀다 제목이 쓰여 있지만 읽을 수 없었다 모국어를 처음 배웠을 때를 떠올리다가 관으로 들어가라는 안내 문구가 흐른다

 사방이 온통 어둠뿐인 곳에 단 두 개의 의자가 놓여 있다 의자를 비추는 작은 조명, 자리에 앉자 영화는 상영된다 빈자리는 빈자리로 남겨둬야 할 것만 같고

 죽은 풀이 자라나는 영화는 계속해서 자라나다가 화면 밖으로 벗어나고 관을 휘두른다 눈을 감았다 뜨면 여자가 뿌리를 뽑고 비로소 죽은 풀은 되살아나 넝쿨을 만들고 출입문은 굳게 닫혀 있다

 나를 벗어나려는 환한 빛이 있어
 여자는 천천히 스크린을 빠져나오고
 영화는 중단된다 영사기는 여전히 돌아가는데

너의 잠에 빠져

너를 만나기 위해선 잠이 들어야 한다
우리는 꿈에서만 만났다
살아 있음에도
주소를 묻지 않았다
눈을 감으면 거기에 있으니까
손을 흔들며 내일도
눈을 감자 어둠을 사랑하자
여기가 영영 돌아올 수 없는
긴긴 술래의 섬이래도

결항

비행기를 타도 갈 수 없는 곳에서 눈을 뜹니다 이곳에는 촛불이 꽂힌 초코과자가 있고 커튼의 빛이 촛불을 끄기 전에 먼저 촛불을 꺼야 합니다 꺼야 할 촛불은 내가 다가갈수록 멀어지고 침수지역에서는 해가 뜹니다

오리를 잡거든 먹이를 주지 마라
떠내려가는 냉장고는 떠내려가게 둬라

커튼에 불이 붙었다면
촛불이 이긴 걸까
커튼이 이긴 걸까

승자는 중요하지 않습니다 비가 와도 불은 꺼지지 않습니다 이곳은 불어난 강이 됩니다 가족과 떨어져도 좋아 동생이 초코과자에 먼저 손을 얹게 할 수 없습니다

나는 수영할 줄 모릅니다 언제까지 익사자가 될 수 없는데 안내방송은 끝을 알려주지 않습니다 몰려오는 구름의 이름을 까먹는 일이 익숙합니다

언제 비가 내렸더라

집안의 물기는 찾아볼 수 없고 머리카락을 만지다가 손가락에 화상을 입었습니다 뜨거운 것을 사랑하기 위해 얼마나 큰 인내심이 필요한지 알지 못하고

해설

이상한 나라에서 '신'은 죽음에 대해 생각하고

임지훈

문학평론가

　루이스 캐럴의 『이상한 나라의 앨리스』는 우연히 만난 토끼를 따라가다 기이한 세계에 떨어진 소녀, 앨리스의 모험을 다룬 아동 문학 작품이다. 우리가 아는 세계에 대한 지식들이 조금씩 비틀리고 깨어져 완성된 이 세계는 매력적이지만 치명적이고, 아름답지만 기이한 모습으로 그려진다. 수수께끼와 말장난으로 가득한, 그러나 나름의 질서를 통해 구축된 이 세계는 그 질서를 이해하지 못한 사람을 용납하지 않기 때문이다. 그렇기에 앨리스는 자신의 상식적인 행동으로 인해 촉발된 여러 사건들에 휘말리면서 이상한 나라의 가장 깊은 곳으로 자신의 의지와 관계없이 자꾸만 빨려 들어간다. 6장에서, 앨리스는 체셔캣에게 나가는 길에 대해 물으며 더는 미친 사람들이 있는 곳에는 가고 싶지 않다고 말한다. 하지만 체셔캣은 소용없다고, 여긴 모두 미쳤다고 말하며 너도, 나도 모두 미쳤다고 말한다. 앨리스는 체셔캣에게 내가 미쳤는지 어떻게 아냐고 묻자 체셔캣은 전형적인 순환논리로 다음과 같이 대답한다. "틀림없이. 미치지 않았으면 여기 없을 테니까."

분명 체셔캣의 답변은 논리적인 오류에 불과하다. 하지만 나는 이것이 이상한 나라만이 아니라 모든 문명 세계의 공통점이 아닐까 생각하곤 한다. 그건 그들이 속해 있는 세계에서 일어나는 비상식적인 일상과 사건 때문에 하는 이야기도 아니고, 지금 우리가 속한 세계에서 무수히 벌어지는 이해할 수 없는 참사와 재해에 대해 하는 이야기도 아니다. 모든 세계의 근간에는 광기가 존재한다는, 보다 근본적인 이야기에 가깝다. 우리는 이 세계의 모든 현상과 원칙들에는 합당한 이유와 근거가 존재하리라 생각하고, 그 이유와 근거들에는 또다시 타당한 이유와 근거가, 그리하여 저 세계 깊숙한 곳에는 이 세계 전체를 떠받치는 절대적 근거가 있으리라 생각한다. 하지만 정작 그 자리에 존재하는 것이 절대적 근거로서의 원리나 법칙이 아니라 "이 세계는 그러할지어다" 혹은 "원래 세계란 그런 것이다"라는 광언에 불과하다.

물론 누군가는 이렇게 이야기할 것이다. '빛이 있으라'

는 말에 '빛'이 있게 된 세계에서 '말씀'은 곧 이 세계의 절대적 근거라고. 나는 그 말을 부정하지는 않지만 동시에 오직 '말씀'만이 근거인 이 세계는 유독 '말씀'이 부족한 것 같다는 느낌을 받곤 한다. 충분한 '말씀'이 존재하지 않기에, '그러할지어다'라는 말과 '원래 그렇다'는 말이 난삽하게 이루어낸 세계는 일견 논리적으로 보이지만 그렇기에 동시에 광기로 가득 차 있다. 『이상한 나라의 앨리스』가 토끼굴에 떨어져 이상한 나라에 떨어지듯 우리 또한 근본적으로 광기에 물든 세계 속에 내던져진 채 살아가고 있는 것에 불과한 셈이다.

임수민의 시집 『네가 오렌지를 먹는 동안 나는 시집을 읽었다』에서 나타나는 시적 주체들은 그런 광기와 광증의 세계 속에 떨어진 주체의 한 형상을 보여준다. 주체는 논리정연하고 차분한 어조를 일관되게 유지하며 이 세계 속에 존재하지만, 세계는 그런 주체를 향해 비일상적이고 비논리적인 현실을 마치 논리적인 것처럼 제시하거나 혹은 원래 그렇다는 말로 주체의 질문과 행위를 무마시키는 모습을 보여준다. 그 세계 속에서 시적 주체는 마치 앨리스와 같이 조금 어긋난 모습으로 존재한다.

햇빛이 비치는 거실에 앉아 홈쇼핑을 본다 쇼호스트는 바지를 팔고 있다 바지 주머니가 넓다는 말을 세 번 강조하면 이것은 바지를 파는 건지 주머니를 자랑하는 건지 모를 세계로 빠져든다 주머니가 바지에서 떨어질 동안 햇빛은 향을 바꾸고 커튼은 꽉 잡은 창문을 더 꽉 잡는다

   가는 길목마다 주머니가 놓여 있다 마당에서 마당으로 거실에서 거실로 던져진 주머니에 대해 생각한다 얼마나 많은 동물이 빠져 죽었는지

   손가락이 얼마나 잘렸는지 주머니는 조금 더 빨간 주머니가 되고 그렇게 선명한 주머니가 되는 상상을 한다 가까스로 상상하면 주머니엔 숨이 겨우 붙은 여우의 심장을 두 손 가득

   가능한 여기서 죽고 싶다는 무서움에 주머니 속에 숨어들고 내가 살아온 길목마다 주머니가 놓여 있다 표지판을 만들고 거기엔 동물의 꼬리를 잘라 엮은 줄

이쪽으로 넘어오지 마시오.

   그 너머엔 돌탑이 가지런히 쌓여 있다 누군가 이 줄을 넘어 돌탑을 무너뜨릴 것이다 무너뜨린 돌탑에서 돌을 주워 산 너머 저 바다로 던질 것이다

   홈쇼핑을 보고 있다 주머니가 없는 바지를 파는 그 순간 쇼호스

트가 던진 돌이 텔레비전을 깨고 내 머리를 맞힌다 찰싹거리는 파도가 주머니를 관통하는 오후
 ―「홈쇼핑을 보는 거실」, 전문

 홈쇼핑을 보는 흔한 일상에서부터 시작되는 이 이야기에서, 시적 주체는 그 일상적인 풍경이 갖는 정합성에 의구심을 갖지만 동시에 그러한 의구심은 시적 주체를 그 세계 속으로 더욱 빠져들게 만든다. 햇빛이 향을 바꾸고, 커튼이 창문을 더욱 꽉 부여잡는 통과의 시간을 거쳐 그는 무수한 주머니들의 세계, 무수한 동물이 무수한 주머니에 빠져 죽은 세계에 당도한다. 이상한 나라의 앨리스가 그러했듯,「홈쇼핑을 보는 거실」의 시적 주체 또한 의구심에 사로잡혀 매혹적이기에 더욱 치명적인 세계로 빠져들고 만 것이다. 그러한 의미에서 위의 작품은 현실-환상-현실의 구조를 가지고 있다고 말할 수 있을 것이다. 홈쇼핑을 바라보는 현실과, 그 홈쇼핑으로부터 촉발된 환상의 세계, 환상 속 산보가 끊어지는 자리에서 다시금 나타나는 현실. 하지만 마지막 구절에서 현실과 환상의 경계는 가볍게 깨어지며 이 세계가 환상과 현실이 완전하게 분리되지 않는 세계임을 암시한다.
 하지만 과연 그러할까? 우리가 향유하는 모든 '상품'들이 사실은 모두 어떤 존재들의 사체들로 이루어진 것이라

는 사실을 떠올려보자면, 마지막에 깨어진 것은 단지 현실과 환상의 경계인 것이 아니라, 우리의 현실을 감싸고 있는 환상이 깨어진 것이라 할 수 있지 않을까? 우리가 향유하는 모든 '상품'이 사실은 어떤 존재의 사체로 이루어진 것이라는 광기 어린 현실을 부드럽게 만들어주는 환상, 기능성과 편의성과 편안함으로 우리를 둘러싸는 일상이라는 환상 말이다. 그러한 의미에서 이 시에서 제시되는 현실-환상-현실의 구조 속에서, 앞의 현실과 뒤의 현실은 위의 작품에서 그러하듯 같은 것이 결코 아니다. 자신을 둘러싼 환상이 깨어진 현실은 자신의 광증을 날 것 그대로 드러낼 수밖에 없다. 예컨대, 환상을 경유하여 다시금 돌아온 현실에서 우리가 마주하는 것은 앞선 환상이 환상임을 증명하는 굳건한 현실인 것이 아니라, 우리가 처한 현실 그 자체가 환상으로 포장된 광기였다는 뼈아픈 사실 그 자체이다.

축축한 옥탑 평상에 앉아 이불을 펄럭이자, 하늘의 구름이 추락하는 모래바람이 분다 걸어 나오자 바다의 털이 픽픽 소리를 내며 밟힌다

모래바람이 장식하기 전에 문고리를 돌려야 하고 손을 얼굴에 갖다 대면 바스락 부서졌다 입에선 모래가 쏟아져 나왔다 말라 바스

라지는 마음이 들 때

  내려갈 수 있는 문이 없어 평상에 이불을 깔고 누워 추락하는 꿈을 꿨다 깨어나면 가위에 눌렸다 난간에 손을 짚은 채로

  하늘에선 하얀 가루가 잿가루처럼 쏟아지고 근처 화장터에선 매일 아침 곡소리가 쏟아졌다 귀를 막으면 문고리가 추락했다

  매일 밤 물을 주던 텃밭에선 새싹이 올라오지 않았고 관에서 살았다 돌아오지 못한 죽은 사람처럼 새싹은 흙 안에서만 피어나고

  모래바람이 걷히면 나는 이불을 두르고 문고리를 붙잡는 사람, 석양이 핏빛으로 물들고 털이 모래에 쓸려, 더는 꿈이 아니었다
  ―「옥탑」 전문

  위의 작품에서도 현실-환상-현실의 구조는 다른 형태로 유사하게 반복된다. 옥상 평상에 앉아 이불을 터는 현실에서 시작된 이야기는 우연히 날아온 모래 한 알에 휩쓸려 환상 속으로 빨려 들어가고, 그 환상이 끝나는 지점에서 시적 주체는 다시 현실로 돌아온다. 그러나 그 현실은 앞의 현실과 다른 것이기에 명백히 다른 채도와 색채를 가진 것으로 묘사된다. 그리고 여기에서는 보다 직접적으로, 자신이 경험한 환상이 "더는 꿈이 아니었다"는 진

술이 덧붙여진다. 자신을 둘러싼 환상이 깨어진 세계는 더 이상 전과 같이 포근할 수도, 파란빛일 수도 없는 것이다. "석양이 핏빛으로 물들고"라는 이 구절은, 그렇게 시간의 흐름을 암시하는 동시에 환상을 경유하여 가지게 된 시적 주체의 시각 속에 보인 '현실'의 모습을 날카롭게 포착한다.

현실을 둘러싼 환상이 깨어진 주체의 눈에 세계는 낯설고 잔인한, 치명적인 것일 수밖에 없다. 이 세계에서 인간이 무언가를 향유하기 위해서는 앞서 「홈쇼핑을 보는 거실」에서 제시된 바와 같이 다른 존재의 희생이 전제되기 때문이다. 그 말은, 내가 향유하는 현실의 안온함이란 사실은 다른 존재의 희생을 전제로 쌓아올려진 핏빛 가득한 일상이라는 의미이면서 동시에 다음과 같은 의미를 지시하는 것이기도 하다. 그런데 이 말은 한편으로 다음과 같은 전언을 암시하고 있는 것처럼 들리기도 한다. 예컨대, 누군가의 안온한 현실을 위해 너의 현실이 찢기고 무너져 핏빛으로 물들게 될 수도 있다는 사실 말이다.

어쩌면 이 시집에서 시적 주체가 차분하고 질서정연한 언어를 구사함에도 어딘가 세계 자체와 어긋나 있는 것처럼 보이며, 때로는 적극적으로 세계로부터 탈출하고자 하는 의지를 보이고 있는 것은 이러한 이유 때문일 것이다.

잠이 들면 경로를 이탈한다 방울 소리를 따라 설꽃이 핀 숲으로 이동 중이다 걸을 때마다 발자국은 찍히지 않고 때때로 어느 주검을 발견하기도 한다 심장이 도려진 주검, 손이 닿으면 녹아버릴 거 같고 그 위로 녹지 않는 우박이 내려 가도 가도 숲은 보이지 않고 방울 소리가 자꾸만 들리는 거 같은데 나의 귀는 오작동을 반복한다 목적지는 멀어진다 나에게서 걸음으로 숲이 사라진 곳 설원이 된다 눈밭엔 도려진 심장으로 쓴 부적이 그려져 있다 숨을 불어 넣어도 숨이 쉬어지지 않아 화면은 깜빡거림을 반복한다 이곳을 넘지 마시오 쏟아지는 이글루 사실은 무덤이었다지 더는 방울 소리가 들리지 않아 나의 숨을 내뱉을 때 나는 목적지를 잃는다
—「오작동하는 숨」, 전문

하지만 당연하게도 그러한 시도는 매번 실패하고 만다. 시적 주체가 자신에게 예비된 광기와 위협을 피해 달아나는 시도는 매번 "이곳을 넘지 마시오"라는 전언과 마주하는 대목에서 끝이 나게 된다. 마치 앨리스가 걸었던 이상한 나라가 그러했듯이, 위의 작품에서도 시적 주체의 걸음은 자신의 의지와 관계없이 자꾸만 경로를 이탈하고, 그것이 반복된 끝에 결국에는 목적지를 잃고 만다. 그렇기에 시적 주체가 아무리 똑바로 자신의 목적을 향해 걸

으려 해도, 그 시도가 매번 "이곳을 넘지 마시오"라는 팻말 앞으로 귀결되는 모습은 시적 주체가 감각하는 현실의 압도감을 전달한다.

  그런데 이렇게 생각해보는 것은 어떨까. 예컨대, 이 세계 자체가 반듯하지도 질서정연하지도 않아서 사실은 휘어지고 갈라져 결국 모든 길이 "이곳을 넘지 마시오"라는 팻말 앞으로 귀결되는 것이라면? 즉 시적 주체가 자신의 경로를 이탈하고 목적지를 잃는 것은 그가 어떤 실수를 저질렀기 때문이 아니라 그저 성실히 자신의 경로를 따라 걸은 결과인 것이다. 즉, 시적 주체는 잘못하지 않았다. 잘못된 것은 시적 주체가 아니라 이 세계인 것이며, 오작동하는 것은 그의 숨이나 살아가고자 하는 의지가 아니라 세계 자체인 것이다. 단지, 오작동을 통해 구성된 세계 속에서 오작동하지 않는 주체란 오작동에 불과하다는 아이러니에 포획되었을 뿐.

  이와 같은 해석은 시적 주체에게 어떤 긍정과 확신을 전달하는 것처럼 보인다. 마치 흔히 유행하는 '너는 잘못되지 않았다, 잘못된 것은 네가 아니라 세계'라는 식의 치유의 서사처럼 보이지만 사실은 그렇지 않다. 오히려 이 말은, 현실 속에서 아무리 시적 주체가 성실하게 자신의 삶을 살아간다 하더라도 휘어지고 깨어진 오작동의 세계 속에서는 결코 벗어날 수 없다는 잔인하도록 현실적인 이야기에 불과하다. 예컨대 이 세계 바깥은 없다는 것. 그 세계 속에서 시적 주체는 영원히 존재하고 말리라는 잔인한 전언 말이다.

너는 오렌지 껍질을 까며 귤이 먹고 싶다고 했다 네가 오렌지 껍질을 까는 동안 나는 시집을 읽는다 책장의 시집들은 앞쪽에만 북마크가 꽂혀 있다 앞쪽만 너덜너덜한 시집은 우리를 닮았다 만년필에 잉크를 채우며 어느 노트에 필사할지 고르는 사이 너는 오렌지 껍질을 모두 까고 귤이 먹고 싶다고 했다 너는 오렌지의 심지 같다 손가락에 힘을 주고 심지를 빼내려고 하지만 심지는 움직이지 않는다 인디 가수의 공연에서 혼자 따라 부르던 노래 오래 팔리지 않아 집에 들여온 유고집 나는 비뚤배뚤 적은 노트의 앞장을 찢어버린다 네가 오렌지를 먹는 동안 나는 시집을 읽었다 혀가 자꾸만 하얘졌다 잘못 배달 온 택배 상자의 배를 가르는 기분 옷을 거꾸로 입었다 너는 옷을 거꾸로 입은 줄 모르고 집에 간다고 했다 내가 필사한 문장 안에 갔다 돌아오는 길 바닥에 떨어진 오렌지 껍질을 주워 주머니에 넣었다
　—「오렌지를 먹는 동안」, 전문

그렇기에 이 시에서 등장하는 '나'와 '너'는 아름답지만 비극적이다. 그 관계는 이 잔인한 세계 속에서 최소한의 형태로 존재하는 공동체이지만, 그것은 이 굴절된 세계 속에서 모든 존재와 관계들이 그러하듯 언젠가 부서지고 말 운명이라는 예감에 늘 침윤되어 있기 때문이다. 마

치 위의 시에서 '나'와 '너'의 다름이 서로 결합하여 새로운 형상으로 빚어지는 것이 아니라 욕망과 행동의 불일치 혹은 찢어지고 가르는 서술어들의 묘사를 통해 오래지 않아 다가오게 될 어떤 슬픔을 예감하고 예비하고 있는 일처럼 말이다.

「오렌지를 먹는 동안」이 그러하듯, 이 시집에서 '나'와 '너'의 관계는 어떤 종류의 영원도 예감하지 못한다. 어떤 반짝임과 같이 순간의 모습으로 나타나 우리의 눈에 일별될 수는 있어도 이것이 오래도록 지속되리라는 희망으로는 번지지 못한다. 마치 그것이 이 세계의 법칙이라는 것처럼, 시적 주체는 단지 담담하고도 논리정연한 언어로 그러한 순간을 반복적으로 묘사하고 또 묘사할 따름이다. 구태여 비교하자면 이 최소한의 공동체는 세계 내에서 존재하는 것이기에 세계의 논리에 휩말릴 수밖에 없고, 찢어지고 깨어져 오작동하는 세계 속에 완전히 포획되고 포섭되어 있기에 세계 자체를 깨부수고 나갈 만큼 강할 수는 없는 것이다. 세계보다는 약한, 그렇기에 반복될 수는 있어서 지속될 수는 없는 이 최소한의 공동체는 아름답고 매혹적이지만 그렇기에 늘 어떤 슬픔을 예감하듯 비틀거리는 모습으로 우리 앞에 나타난다.

신은 금붕어가 되기로 했다
한숨을 살아보고 싶어서
하나의 숨을 몰아쉴 때

어떤 숨이 소중한 거야
신은 천진난만한 눈으로 말하고
어떤 숨이 소중할지 생각하다가
금붕어가 되기로 했다

신에겐 하나의 숨을 접는 일 따위가
시시하게 느껴지기도 했다
언제나 불어 넣을 수 있으니까

금붕어는 숨을 쉬기 위해
작은 어항 위로 뻐끔거리고
언제나 더 작은 세상에서
더 큰 세상을 바라보며
동경하지 않았다

네 숨이 다하는 날까지
뻐끔뻐끔 거기가 전부인 줄 알고
맴돌다가 먹이를 받아먹었다

신이 처음 금붕어가 되었을 땐

숨을 쉬는 일을 잊어버렸다
그건 너무 당연한 일이니까
두 번째 숨을 불어 넣으려 할 때

신은 생각했을 것이다
더는 신이 아니라는 것을

이제 그는 신이 아닌 금붕어
작은 폐로 숨을 몰아쉬는 일
하나의 사랑을 그리는 일
거기서 유영하며, 너의 관심을 끌고
손길을 기다리며 손짓하는 일

신은 그제야, 사랑을 깨달았다
어떤 숨은 하나이기에 한 손에 쥘 수 없고
이런 숨을 사랑이라 부를 수 있다면
신은 언제나 죽음을 생각하는
하나의 금붕어가 된다
― 「하나의 금붕어가 되었을 때」, 전문

부서지고 깨어진, 그렇기에 더욱 강고한 세계의 원리를 시인은 위의 작품을 통해 아름답고도 슬픈 모습으로 만들어낸다. 그렇게 만들어진 시적 무대 속에서 '신'은 하나의 장치에 불과한 존재로 나타난다. 창조하였기에 전지전능해야 할 신의 모습은 작품 속에서 전능할 수는 있어도 전지할 수는 없는 모습으로 나타나며, 금붕어와 같은 하찮은 모습이 되어서야 어떤 감정에 대해 이해하는 무능을 보여주며, 동시에 그 무능 속에서 자신이 가졌던 전능함마저 잃어버리는 모순 속에 휘말린다. 보다 정확하게 말하자면, 이 시적 세계 속에서는 신조차 완전하지 못해서 자신의 모순에 휘말려 스스로 소멸을 향해 다가가는 존재에 불과한 것이다.

그런데 한편으로, 그러한 신의 모습은 이 세계 속에 존재할 수 있는 희망의 유일한 형상처럼 느껴지기도 한다면 그것은 단지 과장에 불과한 것일까. 혹은 이 암울한 세계 속에서 추동된 독자의 불안이 어떤 한 줌의 사소함에라도 희망이라는 이름을 붙여보고 싶게끔 만든 발로에 불과한 것일까. 그렇지만은 않을 것이다. "어떤 숨은 하나이기에 한 손에 쥘 수 없고/ 이런 숨을 사랑이라 부를 수 있다면"이라는 구절이 암시하듯, 이 세계가 사랑과 삶 둘 중 하나에 대한 선택을 강요하고 있을 따름이라면, 우리는 기꺼이 사랑을 선택함으로써 이 세계를 벗어날 수 있는 유일한 방법을 손에 넣는 것이기 때문이다. 그 강요된 선택 속에서 우리가 삶을 선택한다 하여도, 그것은 사랑 없는 삶이며 언제고 다가올 예비된 운명 속에서 죽음을 향해 걸어가는 길에 불과하다. 오히려 사랑을 선택함으로써 우리는 삶을 버리는 것이 아니라 단지 순간에 불과할지라도 삶을 손에 쥘 수 있는 것이라면, 우리가 선택해야 하는 것은 무엇일까. 마치 위의 시에서 신이 "언제나 죽음을 생각하는/ 하나의 금붕어"가 되었듯이, 우리 또한 사랑을 선택하기 위해 기꺼이 죽음을 선택하는 존재가 되어야 하지 않을까. 그렇다면 이 선택 속에서 건져 올려지는 유한성이란 '너의 삶이 언젠가 끝나고 말리라'라는 저주가 아니라 사랑을 선택하였음을 증명하는 유일한 증거인 것은 아닐까.

조금의 과장을 덧붙이자면 나는 이것이 임수민이라는 시인이 깨어지고 부서진 세계 속에서 반복되는 실패를 통해 새롭게 세계를 만들어 나가는 방법론이라고 생각한다. 시적 상상을 통해 구축되는 반복되는 환상의 상연 속에서, 실패 또한 반복되며 다시금 현실에 포획될 따름에 불과하지만 그 반복 속에서 '사랑'이라는 모습의 희망이 스스로의 반짝임을 반복할 수 있는 것이라면 그것은 단순한 실패에 불과하지는 않을 것이다. 그 실패는 부서진 세계 속에서 새로운 세계가 태어나기 위해 수반되어야 할 필연적인 고통일 것이므로. 그렇기에 임수민의 시적 주체는 거듭 환상 속으로, 그리하여 환상이 끝나는 자리에서 다시 현실로 돌아올 것이다. '나'와 '너'의 반짝임이 끝나는 자리에서도 시적 주체는 다시 그 반짝임을 반복하기 위해 기꺼이 슬픔을 예비해나갈 것이다. 그렇게, 이 이상한 나라의 시적 주체는 세계 밖으로 나가는 것이 아니라 망가진 세계 속에서 또 다른 세계를 창조해낼 것이다. 새로운 세계를 향해 스스로의 슬픔과 고통을 감내하는 그 모습을, 어쩌면 우리는 신의 또 다른 모습이라 불러야 하지 않을까. 그런 신이 앞으로 만들어낼 새로운 세계의 모습을 기대하며 그가 경험하게 될 모든 슬픔에 응원을 전한다. 끝

달아실시선 94

네가 오렌지를 먹는 동안 나는 시집을 읽었다

1판 1쇄 발행	2025년 7월 18일
지은이	임수민
발행인	윤미소
발행처	(주)달아실출판사
책임편집	박제영
기획위원	박정대, 이홍섭, 전윤호
편집위원	김선순, 이나래
디자인	전부다
법률자문	김용진, 이종진
주소	강원도 춘천시 춘천로 257, 2층
전화	033-241-7661
팩스	033-241-7662
이메일	dalasilmoongo@naver.com
출판등록	2016년 12월 30일 제494호

ⓒ 임수민, 2025
ISBN 979-11-7207-057-1 03810

이 책의 일부 또는 전부를 재사용하려면 반드시 저작권자와 (주)달아실출판사 양측의 동의를 얻어야 합니다.

• 잘못된 책은 구입한 곳에서 바꿔드립니다.
• 책값은 뒤표지에 표시되어 있습니다.